名师名校名校长

凝聚名师共识
回应名师关怀
打造名师品牌
培育名师群体

　　　　　顾明远题

名师名校名校长书系

JIAOZHIQU YANZHILE

WO DE XIAOXUE SHUXUE JIAOYAN ZHI LU

教之趣 研之乐

——我的小学数学 教研之路

林焕好 / 著

吉林文史出版社

图书在版编目（CIP）数据

教之趣　研之乐：我的小学数学教研之路 / 林焕好
著. — 长春：吉林文史出版社，2019.6
　　ISBN 978-7-5472-6352-5

　　Ⅰ.①教… Ⅱ.①林… Ⅲ.①小学数学课—教学研究
Ⅳ.①G623.502

　　中国版本图书馆CIP数据核字（2019）第135184号

教之趣　研之乐：我的小学数学教研之路
JIAOZHIQU YANZHILE WO DE XIAOXUE SHUXUE JIAOYAN ZHI LU

著　作　者：林焕好
责任编辑：程　明
封面设计：姜　龙
出版发行：吉林文史出版社有限责任公司
电　　话：0431-81629369
地　　址：长春市福祉大路5788号
邮　　编：130118
网　　址：www.jlws.com.cn
印　　刷：北京虎彩文化传播有限公司
开　　本：170mm×240mm　1/16
印　　张：13.25
印　　次：2022年6月第1版　2022年6月第1次印刷
书　　号：ISBN 978-7-5472-6352-5
定　　价：45.00元

扎根教育 静待花开

（代序）

翻开《教之趣 研之乐——我的小学数学教研之路》样书，和着淡淡墨香，仔细品读，敬佩之情油然而生。林焕好老师坚守汕尾教育27年，由一位普通小学教师成长为新一轮广东省中小学名教师工作室主持人、广东省中小学新一轮"百千万人才培养工程"小学名师培养对象、嘉应学院兼职副教授、华南师范大学兼职教授，一路走来，且教且研且成长，凭着对教育的热爱，成就了今天的他。27年，最美好的青春，奉献给了汕尾市的教育事业。如果不是热爱，能保持着这份执着与坚守吗？如果不是热爱，能保持着这份淡定与从容吗？如果不是热爱，能保持这份理性与思索吗？对教育深切的迷恋与担当，让教育信仰成为他的心灵图腾。

扎根于汕尾教育，立志改变汕尾教育落后面貌，是他前进的原动力。做普通老师，他认真撰写教案，课后积极反思，从学生的视角出发，努力让课堂变得生动有趣、通俗易懂，很快成为学生喜欢的老师；做教研员，他立足区域，认真做好调研，深入课堂，手把手指导年轻教师，成为他们的引路人；做校长，他把自己的教育理念贯彻于学校的教育教学管理中，精心打造优质学校，造福一方百姓。他成为省名师工作室主持人后，推广自己的教育理念和教育经验，努力为汕尾市培养骨干教师，把他们打造成汕尾市名师。每一步都走得扎实有力，每一步都成果斐然。

　　著名特级教师于漪曾说："我的心中有两把尺子，一把是量别人长处，一把是量自己不足，只有看到自己的不足或缺点，自身才有驱动力。"

　　这话用在林老师身上，恰如其分。前进的路上，林老师深知自己的不足，珍惜每一次学习机会，且把每一次学习所得用于自己的教育教学实践，并认真反思总结，行之于文，累积成篇，本书便水到渠成。孔子云："知之者不如好之者，好之者不如乐之者。"教学有趣，教研有乐，才有了今天的林老师，才有了这本书。

　　《双城记》中有一句话：那是最美好的时代，那是最糟糕的时代。当纷繁芜杂的教育现实令人无法满意，当注定扎根三尺讲台，教师要抛弃自怨自艾，感恩并尊重所从事的职业并把它变成终身追求的事业，不仅要"做一根会思考的芦苇"，还要为学生"种下一颗高贵的种子"，为学生带去诗和远方。愿教育人都能不忘初心，扎根教育，砥砺前行，静待花开。像林老师一般，坚守教育园地，默默耕耘，且荐《教之趣 研之乐——我的小学数学教研之路》与大家共勉。

广东省教育研究院教学教材研究室主任

2019年9月

且教且思　且研且乐

（自序）

27年的坚守，27年的付出，27年的实践，27年的守望！

1992年从广东省陆安师范学校毕业，我走上了三尺讲台，从一个懵懂少年，成为一位教师，一位小学数学教师。怀揣着对数学的热爱，怀揣着对教育的憧憬，捧着一生从教的情怀，从一线教师、中心小学教研员到教导主任；从县区教研员到校长，再到市教研员，且教且思，且研且乐！

我一直坚信，教育，需要情怀，需要发自内心对这份事业深深地眷恋，才能守住清贫，奉献青春。作为一名教研员，我坚信：敬业，才能爱业；敬业，才能修业；敬业，才能精业；敬业，才能兴业。

一、当好教学研究的先行者

教研员，需要不断地从本地域的实际出发，经常研究数学教学的现状和当前课改目标之间的矛盾以及相应的对策方法，研究全市数学教师的整体素质，研究如何尽快适应课程改革需要的途径和措施，研究课改实施中的新情况、新课题。功夫不负有心人，我有幸被评为汕尾市城区学科带头人、区优秀教师、区先进教育工作者；汕尾市学科带头人、汕尾市先进教育工作者、汕尾市"1212"名师培养对象；新一轮"广东省中小学名教师工作室主持人"、广东省新一轮中小学"百千万人才培养工程"小学名教师培养对象。

二、当好教研实践的参与者

教研员的中心工作就是指导、服务、引领。教研角色的重要定位就是当好"桥梁",即教育理论与教学实践的桥梁,教育机关与基层学校的桥梁,教育管理与一线教师的桥梁。自参加工作,特别是从一线转型成教研员之后,我深入教师的内心,把专家学者的理想变成广大教师的教育教学行为;亲历教学一线,与教师平等地讨论、交流、反思、总结。还以广东省"百千万人才培养工程项目"为平台,先后到潮汕、河源、东莞等地进行送教送研。主持了6项省、市级科研课题的研究并取得了优秀的成果,其中"基于深度学习背景下小学数学计算教学策略的研究与实践"被定为2018年广东省强师工程重点课题。主持的两个省级课题"农村学校校本教研实效性策略的研究与实践"经广东省教育科学规划领导小组办公室评审顺利结题,成果在全市推广应用;"学生基本活动经验在小学数学课堂教学的应用与实践 ——基于'综合与实践'领域的研究"经广东省新一轮"中小学百千万人才培养工程"项目执行办公室评审结题。主持的市级"十二五"规划课题"校本教研实效性策略的研究与实践"课题成果于2015年11月获汕尾市第二届普通教育教学成果一等奖;主持的市级"十一五"规划课题"小学数学教师有效课堂教学策略的实践与研究"课题成果于2015年11月获汕尾市第二届普通教育教学成果二等奖;在市级以上刊物发表论文20余篇。

三、当好教师成长的促进者

我非常欣赏作家林清玄写的《百合花开》这篇文章,教研员应当如百合,绽开的是一朵花,凝集成的是一枚果;教研员还应当如星辰,远望像一盏灯,近看是一团火。在日常教研工作中,特别是作为教研活动的组织者,思考更多的不是个人的发展,而是全市数学教师队伍的建设和教学质量的提升。一直以来,我努力尝试各种教研方式,搭建各种平台,营造一个学习与交流的园地,凝聚一群坚定而执着的旅人,带动无数个同频跳动的脉搏……以广东省名教师工作室主持人为辐射主阵地,带领工作室全体学员,开展一系列的教学教研活动,关注的是教师的个性体验和职业情感,关注的是教师的教学探索和理论积淀。在我的引领下,一批批青年教师成为骨干教师,成为市级名师、学科带头人,成为教育的栋梁。

回看经行处,点点淡墨痕。教学研究工作是一个讲不完的故事,是一首唱不完的歌,教研永远在路上。作为教研员,我将和课改一起,和老师一起,和教材一起，彼此热爱，共同成长，做良心教研员，做勤奋教研员，做有为教研员，用情怀做一个永远教研的守望者，和全体一线教师一起，共筑美好的中国梦。

林焕好

2019年9月

目录

1 >> 教学研究

第一篇

刍议如何让学生经历数学建模的过程

——以植树问题为例

"数学模型是采用形式化的数学语言概括地或近似地描述现实世界客观事物的特征、数量关系和空间形式的一种数学结构",有三层含义:①"数学模型是数学抽象的产物,是对现实事物系统的简化与抽象的结果,它不能等同于实际对象的本身,必须舍弃实际对象质的规定性,而从数量关系上对实际对象做形式化的描述和刻画";②《义务教育小学数学课程标准(2011版)》(以下简称《标准》)提出"学生学习数学模型大概有两种情况:第一种是基本模型的学习,即学习教材中以例题为新知识,这个学习过程可能是一个探索的过程,也可能是一个接受学习的理解过程;第二种是利用基本模型去解决各种问题,即利用学习的基本知识解决教材中丰富多彩的习题及各种课外问题";③《植树问题》是人教版小学五年级上册数学"数学广角"的内容,主要是渗透有关植树问题的方法,通过现实生活中的一些常见的实际问题,让学生从中发现规律,抽取出其中的数学模型,然后再用这些规律来解决生活中的一些简单实际问题。解决植树问题的思想方法是实际生活中应用比较广泛的"化繁为简""一一对应""数形结合""化归"等数学思想,通过观察、猜想、验证、应用一系列数学活动,使学生经历生活数学化的全过程,初步体会植树问题的数学思想方法,感受数学的魅力。

植树问题是比较典型的数学模型,在教学实践中关于数学"建模"思想,师者应该思考:"建模"思想是怎么回事?怎样进行数学建模的教学?在平时的教学中,一些教师过分地追求课堂的"多彩缤纷"、追求"解难题",而忽视数学学习过程的经验积累,"繁华过后的寂静"沉淀下来的是学生对基本模型的一知半解和懵懂，从而造成在数学建模思想教学中出现学生"似懂非懂""会而不懂"的情况。那么，如何在《植树问题》这个实际问题的教学中，让学生经历数学模型的建模过程，形成牢固、认识鲜明的数学模型？一是要解决处理教材的问题，合理安排课时内容，第一个课时的重点应该放在建模上，第二个课时的重点应该放在模式的应用上；二是建模，建立"五指模型"，使其在学生头脑中深深地扎根。形象模型是重点，数量模型只需要简单推理；三是植树问题的提出要有整体性、全面性，应该让学生明白建模的重要性。

1. 明确数学模型的构建过程

数学建模的课堂我们如何把握？是要"建模"还是要"用模"？好多教师关注得比较多的是知识与技能这一条"明线"，而忽略了数学思想这条"暗线"，把其当作教学任务。植树问题最核心的问题是为什么"间隔数+1=棵数"。《标准（2011年版）》中"基本的数学活动经验"精准地提出了"活动经验"对数学建模的作用。"基本的数学活动经验"通过数学建模的过程来完成，就是通过具体的生活实例，抽象出数学模型。植树这件事情，解决的问题不是做几道题的事，而是如何让学生发现规律，建立生活中植树问题的数学模型。好多老师在教学中，很快地把方法，把间隔数、棵数等结论性的东西给出来，结论给得太快了。这样一来，学生知道了数量关系，教师就让学生做练习，练习又大同小异，学生做起来乏味。教师为了突出思维的层次性，就找一些有难度的题目让学生做。这样学生很容易机械地生搬硬套地"用模"而不是"建模"。为了让学生在已有的数学活动经验中通过自己的实验，经历探究的过程，通过验证得出结论，教师不要着急给出结论，慢工出细活儿，先让学生通过一些事例理解基本模型，教师再把问题抛出来，这是方法一；第二种方法是提出一个大问题，这个问题可以是第一步做什么，第二步做什么，第三步做什么，然后让学生自己去研究，让学生研究的目的不在于要一个结论，而是要让学生经历这个探究过程。

2. 找出最基本的数学模型

植树问题有三种情况：两端都栽，一端不栽，两端都不栽。哪个是"纲"，哪个是"目"？也就是说，究竟哪一种是最基本的模型。两端都栽是最基本的模型，这种情况是必须强化的，一定要搞懂。当学生"两端都栽"会了，一端不栽、两端都不栽就不是问题了。当学生真正经历探究的过程，真正理解知识的来龙去脉，一端不栽和两端都不栽就会很容易理解了。所以，两端都栽是这个教学内容的关键点，当学生把它真正弄懂了，其余两个问题就不是什么问题了。

3. 合理安排课堂教学任务

课堂的时间是个常数，学生的学习精力是有限的。因此，适量的学习内容，特别是抓住课的本质，精简非本质的内容，就会使一节课显得既充实又简约，有骨也有肉。《植树问题》教科书的安排是把三种情况用一节课完成。合理灵活地使用教材，以学生的实际学情处理教材是每一位教师驾驭教学过程的基本能力。就植树问题，我的思考是：一节课是否三种情况都要讲，从学生积累数学学习经验的角度上讲，我觉得不可能三种情况都讲，即使讲完了，也可能是囫囵吞枣，很难让每个学生在他原有的基础上都有所提高，特别是成绩相对较差的学生。所以，这节课的教学容量我设计了只讲一种情况，就是把最基本的模型——两端都给栽上，其余两项内容留在下一课时。当两端都栽的模型拿出来之后，在应用的时候，不急于做题，而是让学生举出一些生活中类似植树问题的例子。不是教师出题给学生做，而是让学生找出相关的例子，让学生想，除了爬楼梯、锯木材这些事之外，还有没有类似"植树问题"的事情，当学生举出例子之后，让他们自己编出数学题。学生能编出题目，就应该能够理解数学模型，真正掌握其中的道理了。如果学生无法编出类似的题目，教师出再多的题目让学生做，学生也只是"依样画葫芦"。我们不应追求高大上的花哨课，为了完成教学任务而完成教学内容，而应该接地气地根据实际学情设计实效课堂，在"实"字上下功夫，学生牢固掌握知识、理解知识的形成过程才是我们的追求。

扎实有效的课堂能真正触及知识的本质过程的展开，让学生了解知识形成的来龙去脉，结论的总结和概括，促使学生的思维逐渐走向深入，学生学习起数学来也就不会那么枯燥。一节真实高效的课堂，应该让我们真实地体验到高屋建瓴的教学带给学生认知上的冲突、理智上的挑战，让学生的思维向更深入漫溯，这才是新课程背景下课堂教学追求的理想目标。

（该论文于2017年12月获汕尾市教育教学论文评选一等奖）

参考文献

［1］李光树.小学数学学习论［M］.北京：人民教育出版社，2014.

［2］邵光华.作为数学教育任务的数学思想和方法［M］.上海：上海教育出版社，2009.

［3］王永春.小学数学与数学思想方法［M］.上海：华东师范大学出版社，2014.

探索片区教研模式，促进区域教育均衡发展

汕尾市城区地处粤东，建市前是一个滨海小镇，现全区有中小学87所，其中农村中小学57所，而且麻雀学校多，差不多一半是100名学生以下的学校。这些学校分散在全区7个乡镇（街道），交通条件、生活条件艰苦，学校设备落后，教师队伍不稳定，现在在岗的教师年龄结构、教龄结构、学历结构不是很合理，城乡之间各类学校资源存在很大的差距，造成学校教研活动规模太小，计划性、系统性不强，缺乏专业引领等问题，给学校的教学教研活动的开展带来了很大的困难。

为进一步推进全区教学教研工作，解决学校分散、教研力量薄弱、教师参与教研活动少等问题，继续深化课程改革，拓宽教研渠道，优化教研资源，加强学校之间的交流与合作，缩小城乡教育差距，促进区域内教育均衡发展，提高全区教育教学质量，自2012年秋季开始，全区推行以分片组合为单位进行教研活动的方式，根据本地区的实际，从学科特点出发，开展富有实效的全区学科带头人示范教学、送教下乡、同课异构观摩、教学设计比赛、说课比赛、课堂教学基本功竞赛和优秀课例评比等活动，切实发挥校际教研的独特作用，创造相互开放、优势互补、共同发展的教研环境，促进全区优质资源共享和互相渗透，发挥片区教研优势，促进区域教育均衡发展。

1. 整体规划，分级组织

活动以全区每年教研总体部署为方向，由教研室统一安排，成立以学科教研员为组长的学科教研组，指导、督促各片区的学科教研活动，做到同学科统一部署，不同学科协调安排，在时间、承办学校、教研内容等方面进行协调，学科教研员参与片区教研活动，组织协调与管理，增强服务意识，引领示范与指导。片区内设召集学校。召集学校按《汕尾市城区片区召集学校轮

值表》每学期轮值一次，在区教研室的指导下做好以下工作：①召集本片区学校参与活动计划的制订；②负责本片区学校之间的沟通与协调；③负责通知、召集本片区的每次活动。在学科层面上，初中学校由业务副校长负责，教研处具体落实活动的整个过程，教研处主任是教研活动的直接责任人；中心小学由分管小学工作的业务副校长主管，各学校教研处具体负责落实，教研处主任是教研活动的直接责任人。片区活动的各学校都制定相应的片区教研制度，做好每次活动教师调课等工作安排，每次活动要有专人签到，有专人做好活动记录（含活动时间、地点、内容、形式、人数、活动的过程及参与活动人员的发言）。

各片区于每学期开学第二周制订本学期本片区教研活动计划，做好《汕尾市城区片区教研活动学期计划表》。活动计划由本片区的召集学校牵头协商制订，第二周将活动计划和《汕尾市城区片区教研活动学期计划表》上交区教研室。每次活动结束后，承办学校要做好本次活动的总结，并将本次活动的签到表、活动记录、活动总结、主讲教师的教案、教学反思等材料在活动结束后上交区教研室存档。教研室在每学期开学第三周公布各片区开展教研活动的时间表。学期结束将对各片区各学校开展活动的情况进行总结，对上课的主讲教师颁发区级上课证明，并评选出全区的教学能手和教坛新星。通过这样的活动达到发现人才、培养人才的目的！大大激励了全区教师的工作积极性。

2. 片区组合，区域渗透

片区的组合，以每学年为一个阶段，第一阶段的组合：小学组市区三个街道为一片区，四个镇分为两个片区；中学组市区三个完全中学为一片区、市区其他中学分为两个片区，东涌镇、捷胜镇中学为一片区，红草镇、马宫街道中学为一片区。这种组合是以区域进行组合，各个片区在教学设备、师资力量、生源基础在同一层面来探索教学教研活动。第二阶段，市区和乡镇进行组合，小学组把市区三个街道和四个镇分别结对组成三个片区，中学组把市区中学和乡镇中学以三到四个学校组成一个片区。通过这样的组合，在不同区域内，在教学设备、师资力量、生源基础差异较大的情况下，进一步开展教学教研所取得的效果的比对，探究城乡联动的教研模式的效果。通过以乡镇组合、市区组合、乡镇与市区组合等不同组合方式，使全区的教研活动通过不同地域的渗透和交流，达到"互换思想"的效果。

3. 全区联动，各片开花

城区自2006年开始，就在全区推行举办以区、市级学科带头人、教坛新星、各级名教师为对象的全区性示范教学活动，通过这种名师引领、新星带头、骨干磨砺、青年教师送教的活动，结合片区活动的城乡同台竞技等同课异构、教学观摩、教学比赛教学活动，使全区在教学教研中全面开花，大大推动了全区各学科的整体发展。

全区性的学科带头人示范教学活动，到今年已经开展了13批，涵盖了小学到高中各个学科，成功举办了50多次不同学段、不同学科的全区性示范课，培养了一大批省、市、区级的教学能手和教坛新星。各个片区开展的教研活动，每学期全区的活动都不少于30场。在具体的安排上，初中每所学校每学期至少承办一次活动；小学片区每学期开展活动至少4次，一个学期下来，初中和小学片区的活动达到了30次以上。每次活动的开展，区教研室都做到各学科协调进行，学科教师人人参与，参与活动的教师人人发言。因为每次活动的课例都是代表举办学校全体学科教师的集体智慧，所以，在活动中，对上课、听课的教师都是一次很好的专业学习和成长的机会，每一位参加活动的教师都得到不少收获。

4. 资源共享，优势互补

片区教研活动是基于原来学科校本教研基础上的一种改良型的城乡间合作性的教研模式，目的是通过探索与研究，创新城乡互动教研方式方法，完善互动教研内容，创设更多的教研平台，从而增进学科教师间的协作与交流，扩大教师学习、合作、交流的空间，促进城乡教师的专业成长。所以，为了全方位地切实做好各片区的活动，每次活动都在片区内学校轮流进行，由其中一所学校组织开展，片区内各学校派出相应学科的全部或部分教师参加。每一次活动按"签到—主讲教师说课—上课—评课交流—小结"的流程进行，主持工作由承办学校负责，教研室派出学科教研员以观察员的身份参加活动，并做好监督指导工作，整个教研活动过程拍成视频资料予以保留存档。教研室要求每个片区的教研活动形式要灵活多样，内容要切合实际，要紧扣课程改革的要求，针对性要强，既有利于提高教师的教学能力，又有利于提高教学质量，为教师参与教研活动搭建平台。

5. 全员参与，破解难题

几年来，全区性的教学教研活动，通过"说、上、评、思"一条龙的学科示范性教研活动，达到了全区优质资源城乡共享、学科共享的目的，促进了教师的专业发展。全区各类学校以片区教研活动为载体，通过一系列切合自身实际的教学教研活动，使片区的教师进一步感受市区和乡镇之间在教学设备、教学资源、生源基础不同的现实教学中，如何因地制宜、灵活有度地采用不同的教学方法，达到实效高效的教学效果。市区学校配备齐全的电教平台和信息化教学手段如何批判性地继承传统直观的教具学具的使用，乡镇学校中如何利用简单的传统教具学具达到最佳的教学效果，这些都对参加活动的教师和学校管理人员提出了值得思考的课题。

经过几年片区教研活动的摸索，全区教学教研有了根本性的变化，基本上解决了学校分散、教研力量薄弱、教师参与教研活动少等问题，各学校建立了有效的城镇渗透联动教研模式，保证了片区特别是乡镇学校有效的教研活动的正常开展，改变了传统的教研模式，突出以教师为本，缩小城乡教研教育教学理念上的差距的同时，改变教学行为，保障城乡渗透性教研的有效开展。

通过片区教研活动，使每一场教学活动更加聚焦课堂，关注成果，在活动中开展学科评价，推动学科教师的专业发展。好多老师在平时的教研活动中，因为各种原因很少发表自己的意见，同时对自己、对他人很少有反思和提意见的机会，但是片区活动旨在人人参与，人人发言，人人提出自己的思考，提倡人人都有发表自己意见和评价他人的权利，利用这种"高压"让每一位参加活动的老师都畅所欲言，互动式教研方式打破了以往的种种束缚，不同学校老师之间坦诚地交流，取长补短，这样的氛围非常有利于教师的专业成长，共同进步。

城乡教育的均衡发展是实现全民教育公平的一个最基本的保障。导致城乡教育差异的突出因素就是教师，教师的观念、教师的教育教学水平的不同是导致差异存在的决定性因素。所以，如何让教师在教学中更好地发挥自己的潜能，更好地发挥区域教育优质资源的作用，尽最大可能缩小城乡差距，就成了教育均衡发展的关键。这种片区划分渗透组合的教学教研模式，在教研活动中取得了一定的成效，但片区联动渗透的教研方式还需进一步探索，特别是如何从这种封闭中走出来，向更为开放的模式发展，进而达到教学质量城乡无差距，甚至是乡镇超市区的教学效果，我们将在以后的教学教研过程中继续探究。

（该论文于2015年12月获汕尾市教育教学论文评选一等奖）

校本教研初探

教研活动，是一个已经存在了很长时间的教学环节。1999年，第三次全国教育工作会议召开，最能体现国家意志的课程进入改革轨道，传统的国家课程一分为三，即国家课程、地方课程和校本课程三类，校本教研也在这样的大趋势中应运而生了。所谓校本教研，概括地说，就是为了改进学校的教育教学，提高学校的教育教学质量，从学校的实际出发，依托学校自身的资源优势、特色进行的教育教学研究。校本教研活动有三层基本含义：①研究教学，包括教学的内容、目的、手段，教学模式及其建构，教学设计与实施，教学评价等。在现今时代，就是研究课程及其实施，特别是校本课程的开发及实施；②从学校的实际出发进行研究，按照新课程的要求，从学生状况，教师构成，学校历史、现状及其资源环境出发进行研究；③教学研究的主体是学校领导、教师。教学质量事关学校的荣誉和生命，与学校中人休戚相关。我们的教育正处于一个大变革的时代，素质教育的推行，教育管理、教育体制的不断创新，以及正在进行的课程改革，都要求广大教育工作者更新教育教学观念，彻底改革传统的教与学的方式。在这场革命面前，学校要承担起教育教学研究的使命。随着学校主体意识的觉醒，校本这一理念越来越被广大学校所接受，确定了学校在教育教学研究中的主体地位。

教研是以改进学校实践、解决学校自身所面临的问题为目标；学校自身的问题，要由学校中人来解决；要从学校的实际出发，安排学校管理、教学、师资培训一系列工作。特别需要强调的是，校本教研的目标是为了学校自身的发展，校本教研的主体是学校校长、行政和教师。为此，学校应该在校长的带领下，通过多渠道的了解，从学校的实际出发，坚持以发展为主题，以关注学校发展为根本，以促进学生的发展为宗旨，以课程改革实施过程中学校所面对的各种具体问题为对象，以教师为研究的主体，研究向学校回归，向教师回归，向教学实践回归，以推动学校教育教学工作的可持续发展为指导思想，全方位、深层次开展切合学校实际的教研活动。

一、强化组织和管理，成立校本教研指导小组

校长为校本教研的第一责任人，是校本教研的身体力行者。建立教导处、教研组、备课组三级教研网络。以教导处为中心，层层负责，逐级推进，学校教学领导分工包干教研组，参加教研组活动，提出指导性工作意见和建议。以教导主任、学科教研员、青年骨干教师为龙头，成立学校中心教研组，他们来自第一线，又服务于第一线；他们要按计划深入年级组、班级组听课、评课，力求做到融教研、科研、调研于一体，逐步成为校本教研的主力军。

二、改进和完善集体教研制度，提升集体教研的质量

1. 确保校本教研的时间

坚持每周固定的集体教研时间，通过各教研组或备课组课题研究活动，利用课题研究课（公开课），进行集体讨论，交流各自研究的情况、遇到的问题，并共同找出解决的办法。

2. 拓宽校本教研的内容

以教材、教学为主要内容，重视教研组，年级组为单位采取同伴互助，结合课例开展合作研究办法，将"集体备课""集体听课""集体讨论"融为一体，逐步改变目前单一的教材研究模式，拓宽集体研究的内涵。

3. 改进校本教研的形式

采取"全科组上一课"与"一课全科组上"同课异构的课例研究的形式，充分发挥教师个体、教研组（备课组）集体和专业人员的作用，逐步改变目前唱"独角戏"的汇报课、公开课或课题研究课，让教师始终以研究者的眼光审视、反思、分析和解决自己在教学实践中的问题，改进教学行为。通过同伴间彼此交谈、协作、帮助等方法，"以老带新，以强带弱，以教师的'一枝独秀'带动学校的'春色满园'"，各抒己见，贡献出自己的观点和问题，在大家的合作交流中碰撞出新的观点，生成新的认识；大家一起钻研教材、吃透教材，研究如何创造性地使用教材，甚至自己开发教材；研究教学过程本身如

何进行更为有效；研究怎样运用多样的教学方式进行教学；研究怎样能够使学生积极参与到教学过程中来……教师在积极的研究状态中，不断体会校本教研的乐趣和价值。

4. 加强校本教研的监督与检查

教研组长或备课组长要发挥校本教研的骨干带头作用，并做好教学研究记录，交教导处备案，做到每周都有不同的内容和举措；教导处加强日常教研活动的检查。

5. 实行教学评价制度

根据学校课堂教学量化评价表，开展教师之间、教研组长与教师之间、学校领导与教师之间的真情教学评价活动。为了便于研究，开展每两周一次领导集体听评一位教师课的制度。这种教学评价不是对教师的教学做什么结论，而是通过相互的交流、讨论、协商，帮助教师改进自己的教学工作，是一种更有针对性的教学研究。

6. 实行教学反思制度

要求教师每学期有自录自评课、小组教学、家长听课、自请人听课4次自我反思课堂教学。有人听课时，教师要根据自身发展的需求，自行设计编印"反馈表"，课后自行收回，整理分析，反思自己的教学行为，以便更好地改进。

三、以新一轮的课改精神为契机，确定教研活动的内容与方向

为适应新一轮课改的深入开展，校本教研的内容与方向也应该向多元化和具体化方向推进。

1. 课程研究

即新课程改革目标、课程结构、课程标准与教材开发、课程与教材评价、课程管理与课程资源、课程改革与教师等的教学研究。

2. 教材研究

即对教材重点、难点、疑点处理与突破，单元、章节知识关系构建与综合的教学研究。

3. 方法研究

即指教与学的方法研究。包括教师的教学策略、方法与教学模式研究以

及学生的学习方式、策略、方法的研究。

4. 手段研究

即研究基于现代信息技术条件下的学与教。包括运用现代信息技术与提升教育教学质量、信息技术与课程资源整合等方面的教学研究。

5. 评价研究

即评价的组织与管理、评价的内容与形式、评价的模式与方法等方面的教学研究。

6. 心理研究

即学与教的心理的研究。以研究健康教学心理及学生的学习态度、学习习惯、情感意志、思想动态、心理健康等方面为重点。

7. 课堂研究

即课堂结构、课堂实施、课堂效率、师生关系、教学活动、教学氛围、教学环境、教学节奏、教学机智等方面的教学研究。

8. "两特"研究

即特长生和特尖生培养的模式、方法与策略等方面的教学研究。

"校本教研"是教师为了改进自己的教学,在自己的教室里发现了某个"教学问题",并在自己的教学过程中以自我的"追踪"或与他人合作,汲取"他人的经验"解决面临的问题而进行的一种教研活动。它是一个不断循环的螺旋体系,课程改革需要教研活动的有力支持,教研活动只有不断创新,才能更好地为教学改革服务。只要我们勇于实践、敢于创新,一定会创造出更多更新更有效的教研活动形式。

（该论文于2012年6月获第十届广东省中小学校长论坛征文二等奖）

教师如何开展有效的课题研究

新一轮课程改革把原来的国家课程细化成国家、地方、校本三级课程，校本教研在学校中得到了空前的发展，在学校层面，学科教研在教学中也遇到不少问题。基于教学的需要，对教学过程中产生的问题进行探索解决的办法和途径，从而产生了一种探究解决问题的模式——课题研究。

课题研究，我认为是一个基于问题而产生的探索解决问题的途径和办法的过程。所以，对于课题研究，我们应该如何选题，如何在研究的过程中，透过问题的表象，深入课题研究问题的本质，探索有效、可操作性强的解决办法，是我们课题研究的一个出发点，也是最终目的。所以，在我们的课题研究中，选择合适的问题进行研究，是课题成功的一个前提。爱因斯坦说过："提出一个问题往往比解决一个问题更重要，因为解决一个问题也许仅是一个数学上或实验上的技能而已。而提出新问题、新的可能性，从新的角度去看旧问题，却需要有创造性的想象力，而且标志着科学的真正进步。"

课题选择是教育科学研究的第一步工作，这一步能否走好关系到最终研究的成败。因此，历来的研究者都非常重视课题的选择。

一、什么是课题

有人认为课题就是问题，这种看法并不确切。因为不是所有的问题都适合作为课题来进行研究。例如，"如何评价一个地区教学质量与经济的联系"这样的问题，需要研究的范围太大，不确定因素太多，不是一项研究所能解决的，这种问题只能作为研究方向而不适合作为研究课题。对于这类问题，经过适当的分解，使之可以操作才能成为研究课题。又如，"如何培养小学中年级学生的计算能力"这样的问题，每个数学教师都可以结合实际教学实践，提出设想，进行研究，就可以作为一项研究课题。另外，有些问题如"怎样解决班级内两个学生闹不团结的问题"，可能是一种偶然事件，原因比较具体，这类问题往往没有普遍意义，也不适合作为研究课题。但这类问题的解决，可以作为个案进行积累，也可以作为个案研究的资料。

综上所述，我认为教育研究的课题，应当是既具有一定普遍意义又具有可操作性的研究问题。这种课题可以从大的研究方向中经过分解而建立，也可以从个案的积累中通过概括而形成。当然，研究和操作能力的大小是相对的，作为个人不能操作的研究问题，也许教研组可以操作；一个组不能操作的研究问题，也许一所学校可以操作；单靠学校不能研究的问题，也许和专业人员结合起来就可以操作。所以，研究课题的大小应当是相对的，视研究主体的操作能力大小而定。现在，由于课题研究层面的全面铺开，各个学科的教师可以在自己的学科、年级、学段中开展小课题，这种小课题就是一个在教学过程中产生的问题，通过自己的探究找到解决的办法，这样费时少，收效高，可以说是低投入高产出的课题研究，能够起到精、准、快的研究效果，达到小课题出大成果的研究效益，所以，我还是提倡这种"小题大做"。

二、课题的来源

在我们日常的教育教学和管理工作中，课题的选择一般可以从以下几方面着手：

1. 教育实践中出现的问题

从大的方面说，社会发展变化会对教育提出新问题，教育改革对学科管理、教学创新模式等提出要求。例如，中等职业学校对人才的培养方向，高中学校如何做好地方命题与全国高考命题的接轨，外语教学的一系列新问题等。

从教师具体教学实践来看，更有大量问题可以研究。例如，小学生计算教学中常见错误是由"粗心"引起的问题。可以研究为什么会"粗心"，具体观察和分析产生粗心的原因，研究解决粗心问题的教育对策，有针对性地进行克服"粗心"造成的错误的教育。教师的日常教学中这类问题是大量存在的，研究这类问题，借助心理学或教育学的理论来分析和解决这些问题，不仅有助于理论的发展，更重要的是直接解决了教育问题，提高了教育质量。

2. 从教育实践的成功经验中提出研究问题

例如，新城中学的《"学做导合一"的高效课堂教学策略研究》、红卫小学《"汕尾渔歌"校本课程开发与实践》等成功课题的研究。发现经验，总结经验，筛选经验，是我们教师常用的研究方法，也是重要的研究课题的来源。任何一所学校，每一位老师都有成功的或失败的经验，这种经验是我们的宝贵财富，也是研究课题无穷尽的来源。

3. 从教育的争议中选择研究课题

例如，"先学"与"先教"的争议，"传统教学手段"与"现代教学手段"的优劣之争；又如，针对近些年在学校中出现的学生由于家庭、学校、同学关系、学习成绩等因素产生的学生自杀事件，人们在推广"成功教育"时，有人提出"挫折教育"的研究。认为必要的、适当的挫折对儿童的成长有利，给儿童制造一些困难，可以激励和磨炼他们的意志，使他们勇敢坚强。那么，什么样的"适度"是可行的，就成了一个研究课题。

4. 从教育理论的应用中找寻研究课题

例如，原汕尾市教育局林焕章副局长主持的广东省课题"教学方法与技巧的研究与实践"的理论，我们可以用来分析指导我们平时的教学方法和技巧，并依据它来指导教学实践，使这个理论转化为可以实用的教学行为。又如，依据"多元智能理论"，我们可以从多角度对学生的发展进行研究。这种实践研究，可以出很多开发性的研究成果，有利于教学工作。

三、课题的选择

从上述几个方面我们不难提出许多可以研究的问题，但是我们不可能全部进行研究，必须进行选择，找出最适合自己研究的课题。在进行选择的时候我们可以按以下问题进行思考：

（1）我们要考虑这个课题的实践应用价值，能不能给自己的教育教学工作带来直接效果，能不能将研究与自己教育教学中面对的现实问题结合起来。一般来说，任何研究问题，都能直接或间接有利于我们的教育实践，但我们是教育的实际工作者，必须首先考虑研究直接有用的问题，才能做到工作和科研互相结合，在时间和精力上得到保证，收到"双赢"的效果。

（2）我们要调查和了解有没有人对这个问题做过研究，也就是国内外的研究现状。如果还没有人进行过研究或是研究很少，那么这个问题就有较高的研究价值；另一种情况是研究虽然不少，但不深入，也没有一致的意见，这样的问题也是值得研究的；最后一种情况就是研究已经很多，而且有比较成熟的研究成果，对于这种情况，我们首先应该认真学习已有的成果，联系自己教育的实际情况，进行实践和应用，通过实践后的反思，有时也会有所发现，使原有成果得到发展。因此，在选择课题时，多看看教育刊物，收集研究的信息，是一项重要的准备工作。

（3）我们要考虑自己的研究能力，有没有足够的精力和时间，有些研究还需要一定的物质条件和经费。我们必须选择那些既有用又能够操作的具有可行性的问题作为研究课题。所以，我很提倡我们在平时的教学中开展小课题研究，做到省时、高效，达到精、准、快的研究效果。

课题研究是一项长期的研究工作，但并不是什么高深、宏大的工程，我们在平时的工作中要克服畏难心理，只要在教学实践中多留心，善于发现问题，多动脑，多问为什么，如何解决，然后形成一系列的文字材料，也就积累了课题研究的原始材料。我认为，做课题，只要思考"为什么做""做什么""别人做得怎么样""我要怎么做""做成什么样"五个环节，这个课题通过进一步的文字修饰，就是一个成功的课题研究了。

（该论文于2016年12月获汕尾市教育教学论文评选一等奖）

小学数学"综合与实践"课程的基本特征

——基于义务教育人教版教科书《数学》第一学段的教材分析

一、数学综合实践活动概述

1. 综合与实践的概述

综合与实践是小学数学各学段中课程内容的重要组成部分，设置目的在于培养学生综合运用有关的知识与方法解决实际问题，培养学生的问题意识、应用意识和创新意识，积累学生的活动经验，提高学生解决现实问题的能力。小学数学综合与实践是一种新型的课程形态，又被称为综合实践活动，是指在教师的指导下，基于对知识的有效整合，联系实际生活，通过学生的自主活动，使学生了解数学与生活的广泛联系，学会应用已有的数学知识去解决实际问题，通过小组合作、互动交流等活动，以获得积极的数学情感体验，从而全面提高学生数学素养的一种学习体验活动。让学生通过综合与实践活动，实现"人人学有价值的数学，人人都能获得必需的数学，不同的人在数学上得到不同的发展"。

2. 综合与实践的内涵

（1）综合性。小学数学综合实践活动是基于学科知识的整合"做数学"的过程，是以已有的学科知识为支撑的综合实践活动。它是一个整合旧知与应用旧知的过程，是在学生已有的生活经验和知识背景的基础上，综合运用所学的知识解决问题的过程，是让学生体验数学、应用数学、进行数学反思的过程。所以，综合实践课具有高度的学科知识综合性。

（2）实践性。小学数学综合实践活动是以解决问题为抓手，紧密结合学生学习的数学知识结构和教材的进度，注重应用，合理选择内容和时机，调动学生学习的积极性，切实改变学生的学习方式，在这个过程中，培养学生发现问题、提出问题、分析问题和运用数学思想方法与已有的数学知识与技能解决生活中的问题的能力[1]，激发学生的创新意识，培养学生的数学素养，有效地开展实践活动。小学数学综合实践活动不仅使学生的数学知识得到了进一步的巩固，还发展了学生解决问题的能力，更重要的是使学生进一步体验到数学知识的应用性。所以，综合实践活动课有助于提高学生的实践能力，具有较高的实践性。

二、数学综合实践活动与教材的有效整合

数学实践活动不是脱离学生所学教材的实践活动，要使数学实践活动能促进学生的发展，就要对数学实践活动与平时的数学教学进行整合，以学生的学科知识为支撑，服务于学生所学习的内容。纵观整个小学数学教材，数学实践活动存在于"与教材密切联系的数与运算和其他概念的发现，空间与图形部分的几何形体的认识，与学习内容密切联系的生活中数学信息的收集、整理和分析等"[2]；存在于由生活引发的、用所学知识来解决的生活中的问题，说明生活中的某些现象。下面，我将根据人教版《数学》教科书中不同年级安排的综合与实践课程的内容，简单地分析小学数学第一学段的综合实践领域的内容是如何体现课程知识综合性和实践性的特点的。

在2011版的义务教育数学教科书中，小学数学综合实践在各年级的安排如下表所示：

小学数学综合实践在各年级的安排

年级	专题	涉及的内容（领域）
一年级上册	数学乐园	数的认识，加、减计算，位置与立体图形的认识
一年级下册	摆一摆，想一想	100以内数的认识
二年级上册	量一量，比一比	测量、统计
二年级下册	小小设计师	平移、旋转、轴对称
三年级上册	数字编码	数字编码思想
三年级下册	制作活动日历	年、月、日
	我们的校园	位置与方向、面积

续 表

年级	专题	涉及的内容（领域）
四年级上册	1亿有多大	数的认识、空间观念
四年级下册	营养午餐	排列与组合、统计
五年级上册	掷一掷	可能性、组合
五年级下册	探索图形	长方体、正方体的认识
	打电话	优化思想
六年级上册	确定起跑线	圆的概念、周长
	节约用水	统计知识的应用
六年级下册	生活与百分数	百分数、统计
	自行车里的数学	比例的应用、圆周长、排列组合、统计
	绿色出行	统计、百分数
	北京五日游	优化思想、时间安排、统计
	邮票中的数学问题	归纳推理
	有趣的平衡	比例的应用

下面我将具体分析小学第一学段各册数学教材，来说明小学数学综合实践活动的综合性和实践性。

1. 一年级上册

一年级上册，安排了《数学乐园》主题综合实践活动。

学科知识的综合性方面，这是学生在学习了数的认识——数数、数的组成、比大小、数的顺序、基数和序数、认读写，加、减计算，以及"图形与几何"领域中的位置与立体图形的认识之后的一个综合实践活动，活动以"下棋"这一游戏方式展开，让学生调用已学的数学知识和经验解决所遇到的问题，感受数学与生活的联系，培养合作和交流的能力。

在实践能力方面，学生以"下棋"游戏活动为主线，经历活动过程，体验遵守"规则"在日常生活的重要性，感受梳理、归纳知识的好处及其重要性。活动的大部分题目和学生的日常生活经验相关，又综合梳理了前六个单元所学的内容，使得学生的知识能力和实践能力都得到了有效发展。

2. 一年级下册

一年级下册，安排了《摆一摆，想一想》综合实践主题活动。

学科知识综合性方面，学生在学习了100以内数的认识之后，应进一步巩固数位和位值的概念。通过直观形式让学生感受数位及位值的概念，活动通过四个层次让学生在操作过程中对相关知识进行复习，沟通百数表与所摆出的数之间的关系。活动第一层次是用两个圆片在不同数位上摆出不同的数，只要是100以内的位数和两位数，并进行记录，通过这个层次的操作，让学生知道每个圆片在不同的数位上就表示不同的数，初步感受"位值"；第二个层次是用3个圆片摆出不同的数，并通过学生的发现，进一步感受位值，感受所摆出的数之间的关系，学会有序思考；第三个层次是让学生用4个以上圆片摆出不同的数，这个层次活动的目的在于让学生在操作中继续发现圆片的个数与所摆出的数的个数之间的关系及其他规律；第四个层次是让学生直接说出用9个圆能摆出的数及其他个数，这个层次要求学生根据总结、归纳出的规律和方法来解决问题。通过四个层次的活动，让学生在动手操作、亲身经历组数的过程中，注重发现、探究规律及利用规律组数，更好地现固、复习了100以内数的认识，厘清"数位"与"位值"的概念。

在实践能力上，活动通过探究圆片在不同数位上个数的多少与所摆出的数的个数之间的关系，使学生学会发现规律并能用发现的规律解决一些简单的问题，培养学生初步的归纳能力，同时让学生在自主探索中体会有序思考的重要性，在合作交流中养成倾听、有条理地表达想法的习惯和意识，感受数学的乐趣，喜欢数学，愿学数学。

3. 二年级上册

二年级上册，安排了《量一量，比一比》的主题活动。

在学科知识综合性方面，学生在学习了长度单位"厘米"和"米"的基础上，能对不同物体选取不同的长度单位，通过对测量自己的身高以及身边物体的长度、高度等实际活动，对所测对象形成清晰的表象，为以后对其他物品的长度估计、认识提供更多的参考标准，进一步建立长度观念，形成清晰的数感。在进行物体测量时，能选择合适的标准，增强对"量"的实际意义的理解，能用不同的方式表示物品的长度或高度，同时培养学生的估测能力、长度观念和数感；让学生在活动中体会合作、交流，亲历表征方式多样性的乐趣，认识到数学与生活的联系，并用所学的知识解决实际问题。

在实践能力方面，"量一量"包括测量学生的身高或身体部位的长度及身边物体的长度或高度等。从测量方向上看，有水平方向，也有垂直方向；

从测量的要求看，需要学生根据所测物体选择测量工具，再进行测量并记录、交流。本活动，还可以调动学生在第一单元的学习中获得的经验，如步长、手宽、书本长度等，都可以成为学生后续测量的标准。"比一比"主要通过两个层次的数学实践活动来促进学生实践能力的提高。第一个层次是根据小精灵提出的问题，让学生选择"单位"，用合适的方式描述对鳄鱼长度的直观认识。第二个层次是让学生运用已有的经验，用自己的方式表示出其他物体长度的活动，旨在帮助学生积累丰富的实际测量的经验，初步培养学生的长度观念。教学的内容是开放的，表格中的具体内容可以在教学中加以运用，也可以根据学生实际情况，另外选择学生感兴趣的素材进行活动，目的都是让学生体会测量的本质，通过直观描述建立长度观念。

4. 二年级下册

二年级下册，安排了《小小设计师》的主题活动。

在学科知识综合性方面，学生在学习了平移、旋转、轴对称等图形运动的知识之后，对生活中的简单图案能辨认出是由一个图形经过平移、旋转、轴对称等运动得到的。能在已学过的正方形内拼贴或设计图形，同时对所拼贴的图形通过平移、旋转、轴对称等运动创造出自己喜欢的图形。在对图形进行欣赏的同时，能用自己的语言描述图形的运动，逐步发展空间观察，感受生活中的数学美，培养创新精神和实践能力。

在实践能力方面，主题活动编排了两个方面的活动：一是观察生活中的图案，二是贴出自己喜欢的图案。观察生活中的图案包括三方面的内容：①从整体进行观察，感受图案的美；②从局部观察，确定基本图形；③观察图形与图形之间的关系，借助想象和推理，明确理解图案是由基本图形通过怎样的运动得到的。此环节在于巩固学生已有的关于图形运动的知识，积累运用图形的运动设计图案的研发经验。贴出自己喜欢的图案活动，也包括三方面的内容：①剪下第123页提供的图形，观察图形并建立直观表象；②想象图形运动后拉出的图案；③在正方形里贴出图案，体会图形是怎样运动的。此活动的目的是让学生经历图案设计的过程，进一步积累经验，体验设计的乐趣。

本活动安排了两个层次的数学实践活动：①在正方形中自己设计图案；②将同学设计出的同样的图案拼在一起，并交流欣赏。第一个层次的活动让学生按教材提示的"像左页"那样设计，既为学生提供了想象的创造空间，又提供了学习的实际范例。第二个层次的活动包括以下几个方面的内容：①让学生运用不同的运动方式将同样的图案拼在一起；②交流、欣赏、比对同学拼成的不同图案，用数学语言表述图形的运动；③增加一些拓展性练习，与前面学过和乘法、除法、简单推理等内容结合起来，整合知识架构，形成新的知识技能。[3]

5. 三年级上册

三年级上册，安排了《数字编码》主题活动。

在学科知识综合方面，是通过日常生活中的一些事例，在具体情境中了解一个编码中某些数字所代表的意义，使学生初步体会数字编码思想在解决问题中的应用，并能通过观察、比较、猜测、推理来探索数字编码的简单方法，学会用数字进行简单地编码。

在实践能力方面，让学生经历设计编码的过程，体会在信息化、数字化时代下数字的表达、交流和传递信息的作用，初步学会用数字进行编码。具体的安排是首先呈现生活中常见的数字的事例，如邮政编码和身份证号码等，展开对这个具体事例中数字及字母表示的含义的探索，从而让学生了解邮政编码的结构和含义，初步体会编码的方法。在身份证的事例中，通过学生的对话，截取"出生日期码"和"倒数第2位表示性别"作为引子，引导学生通过观察、比较、猜测等方式探索身份证号码中蕴含的一些基本信息和编码的含义。活动同时注意了课内外结合，学生给学校的学生自主编学号的实践活动，让学生运用数字编码的简单方法进行编码，加深学生对数字编码思想的理解。通过小精灵对活动提出的"学号中应该包含哪些信息"这个核心问题，来统领学生在实践活动中不同设计方案的共识，给学生留足探索的空间。

6. 三年级下册

三年级下册安排了两个综合实践主题活动。

（1）《制作活动日历》综合实践主题活动。在学科知识方面，活动中学生在学习完"年、月、日"这一单元之后，安排了这项制作活动日历的内容，巩固对年、月、日知识的认识及数学知识之间的联系，加强综合性，应用所学的年、月、日的知识，结合几何（正方体六个面）和有关数的知识，思考如何利用4个小正方体，通过有限的面（最多24个）把日历要素（月、日和星期几）表示出来，培养学生综合运用数学知识解决问题的能力。

在实践能力方面，活动注意让学生体会数学知识与实际生活的密切联系，通过小组合作研究如何制作活动日历，让学生根据生活的需要，思考日历的要素：月、日和星期几。解决问题的方案：用一个小正方体表示星期几，星期六和星期日共用一个面；用一个小正方体表示月份，每两个月共用一个面；用两个小正方体表示日期，要用有限的4个小正方体把它们表示出来。引导学生进行分工合作，可根据学生的制作情况进行引导，让学生发现对比不同小组制作的活动日历的优点和不足，同时通过小组间的交流和借鉴，使学生获得成就感，体验成功的喜悦，培养学生向他人学习、学会与人交流、分享思想的习惯。

（2）《我们的校园》综合实践主题活动。在学科知识方面，综合运用了长方形、正方形面积计算，还有两位数乘两位数、除数是一位数的除法计算等知识，在设计赛程安排表上，还综合运用了排列组合与时间有关系的知识解决问题。通过本活动，学生能较好地对本学期所学知识进行有机整合，进一步巩固所学的学科知识内容。

在实践能力方面，通过活动，让学生经历全过程，在活动中积累综合运用所学知识解决实际问题的经验，提高学生解决问题的能力。同时培养学生有序、全面、合理思考问题的意识和合作学习的习惯，让学生感受数学与生活的紧密联系，体会数学在生活中的价值，激发学生运用数学知识解决实际问题的意识。

三、总结

"综合与实践"作为一个独立的领域，与"数与代数""图形与几何""统计与概率"三大领域并列，但并不是一个独立的知识模块，而是依托活动综合运用其他模块的知识。综合与实践更加强调数学知识的整体性、现实性和应用性，注意数学的现实背景，以及与其他学科之间的联系，注重知识的实践性。根据学生身心发展的特点及知识储备情况，在教材的编排上，主要以"实践活动"为主，强调"实践"，强调数学与日常生活的联系，重在培养学生对数学的兴趣，所以从内容的选择上更多涉及的是三大领域相互的联系。综合与实践让学生学会应用已有的数学知识去解决实际问题，培养了学生的动手操作能力，既服务于义务教育阶段数学课程的整体目标，又彰显"综合与实践"课程的特殊功能和特殊目标。

（该论文于2016年6月获广东省2016年小学数学教学优秀论文评比活动一等奖）

参考文献

［1］王光明、范文贵.小学数学新版《课程标准解析与教学指导》［M］.北京：北京师范大学出版社，2012.

［2］［3］王永春.教师培训手册［M］.北京：人民教育出版社，2014.

应用题教学应多方位培养学生的思维能力

小学数学是实施基础教育的主要学科，在从应试教育向素质教育转轨的教育形势下，培养学生灵活严谨的思维能力，是培养下一代"四有"新人的主要手段。小学阶段的应用题，是学生在学习了一定的概念、定理、性质之后上升到一定层次的知识结合点，是综合性较强的题型。应用题的重点和难点，是培养学生动脑筋想问题、分析数量关系、弄清解题思路。归根到底就是应该培养学生灵活的思维和高度的综合能力，所以，在应用题教学中，应多方位培养学生的思维能力。着力进行两方面的培养：一是审题过程中培养学生掌握应用题结构的能力；二是解题过程中进行发散思维的训练，培养思维的深刻性和灵活性。

一、培养掌握应用题结构的能力

掌握应用题的结构，也就是知道应用题有哪些部分组成，什么是条件，什么是问题，条件和问题之间有什么联系，哪些条件是必须的，哪些条件是多余的，然后把这些成分综合成一个整体。抓住问题中最具有本质意义的关系，就是抓住了问题的结构。围绕掌握应用题结构，进行以下几个方面的训练：

（1）从最简单的应用题入手，把完整的应用题和缺少条件或问题的题掺在一起，让学生分辨。

（2）根据条件选问题或根据问题选条件。

（3）补充条件或问题。

（4）题意不变，改变叙述方式的训练。例如，在教学分数加减运算应用题时，我选用了这样一道题：有一批煤，上午运走了$3\frac{3}{7}$吨，下午比上午多运

$\frac{4}{5}$吨，这天共运煤多少吨？这道题可以让学生改变叙述方式：下午比上午多运可以叙述成上午比下午少运。这样比多比少就很清楚地看出两个量之间的联系，通过这样的训练，加深了学生对应用题中的名词、术语、概念的理解，提高了理解题意和解答问题的能力。

（5）线段图的训练。画线段图是小学应用题理解题意的好帮手。借助线段图，形象、直观地揭示数量关系，帮助理解题意确定计算方法，特别是在教学行程问题、工程问题的应用题时，线段图的辅助作用体现得更加淋漓尽致了。

（6）自编应用题的训练，包括摆学具、根据不同摆法编出不同题、看图编题、选择条件与问题编题、把直接条件改成间接条件、看式子编题等，使学生从不同角度熟练掌握应用题的结构和数量关系。

二、进行发散思维的训练

对学生进行发散思维的训练，知识上可以使学生举一反三、触类旁通。在能力上，发散越广越灵活，越能锻炼学生的思维能力，有利形成良好的思想品质。所以，在教学中，应注意利用多种途径对学生进行发散思维的训练。

1. 就相同条件提出不同问题

这种方法实际上是"一题多变"，如复习11种简单应用题时，给出这样的两个条件：某厂有男职工500人，有女职工400人。启发学生从不同角度提出问题：①求差或和；②求比；③求一个数是另一个数的几倍、几分之几、百分之几等，既可以从部分与总数的关系求"共有职工多少人"等，也可以求两种职工人数的比，还可以问"男职工是女职工的几倍"或"女职工相当于男职工的几分之几"等。这样使学生把已学的知识技能在新的情况下灵活应用，更好地掌握了数量之间的联系与变化；在学生就相同条件提出不同问题的过程中，教师必须对学生提出的问题随时梳理，以保持问题在思路上的连贯性：如在学生提出"求比"问题时，除了求男女职工人数的比，还可以求男、女职工与总人数的比，使学生受到更多的启示。

2. 就同一问题扩散已知条件

已知一道题中，解决问题的直接条件不足，需要在题目中先找出中间问题作为间接条件。例如，一个长方体的长是11分米，宽是9分米，高是长和宽的和的一半，求长方体的体积是多少立方分米。要解决问题——长方体的体积，就必须知道长、宽、高各是多少分米，高就是间接条件，即长和宽的和的一半。又如，上午烧煤 $8\frac{1}{2}$ 吨，下午烧煤 $10\frac{1}{2}$ 吨，一天共烧煤多少吨。如果题目中的第二个条件不直接给出，让学生根据与第一个条件的关系，改变条件或问题，组成复合应用题。学生在积极的思维中了解了什么是间接条件及间接条件与已知条件之间的联系，就能较好地掌握两步计算应用题的结构特点和解答方法。

3. 同一题目多种解法

由于知识技能与层次的差异，不同学生对同一问题往往有不同思路和解法。例如，有这样一道题目：一个服装厂原来做一套衣服用布料3.8米，由于改进了裁剪方法，现在每套衣服节约布0.2米。原来做1800套衣服的布，现在可以多做多少套。大部分的同学就列式为$3.8 \times 1800 \div (3.8-0.2) - 1800$，而有一些思路比较灵活的学生就用这样的算式：$0.2 \times 1800 \div (3.8-0.2)$。对比两种方法，后者相对比较灵活、简单、快捷。所以，我们应该在平时的训练中，注意充分肯定学生富有创见的解法，及时地鼓励和引导学生从不同角度去想问题，以开拓学生思路，打破单一性、习惯性的思维定式。

4. 把发散思维与集中思维结合起来

学生思维扩散后，会产生多种方法，其中不乏有简有繁，所以还要引导学生通过比较和分析，分清优劣，做出最佳选择，进行归纳和集中，从中获得规律性的认识。例如，在教学长方体侧面积时，学生的方法大致有以下几种情况：①用长方体6个面的总面积减去上、下面的面积和；②左右面面积加上前后面面积；③底面的周长乘以高。这时，应通过引导、比较和推导使学生认识到求长方体的侧面积，用长方体的底面周长乘以高比较简单、快捷。

对学生进行发散思维训练，在教学思想上要鼓励学生大胆想象、质疑问难，要有一种民主讨论气氛，在应用题的教学内容上要精心设计练习题；在教学方法上要充分调动学生动手、动脑、讨论、实践的积极性。

通过培养学生的发展思维，使学生在解答应用题时大大提高了准确性和减少了解题时花费的时间，从而培养了他们的思考、分析能力和计算能力，能比较快捷地处理有关的应用题，如在解答归一应用题时，学生就可以从归一、倍比、比例、方程、假设、直进和返回互串等角度做出多种解答，大大发展了学生的发散思维。

能力和思维是解决一切问题的核心，是学生直接解决问题的钥匙。为了提高学生解决问题的能力，教师必须在日常的教学活动中全方位、多层次地培养学生的一切思维能力，以适应新时代的需要。

（该论文于2004年12月获汕尾市教育教学论文评选一等奖）

小学数学新教材使用的感悟与困惑

国家最新一轮基础教育课程改革自2001年开始，到现在已经进行了10个年头，伴随着新课程改革应运而生的新教材走进了学校，受到教师们的广泛认同。新教材有较好的开放性、综合性与灵活性，无论从内容的选择还是呈现方式上，都很好地体现了"以学生发展为本"的理念。教材注重从学生的生活经验出发，创设宽松和谐的课堂学习环境，形象直观；内容上密切数学与生活的联系，图文并茂；学法上倡导多样化的学习方式，注意培养学生的创新意识和实践能力，关注学生的情感体验。强调学生的主体地位，教师和学生平等对话，生动有趣。

经过10年的实验，广大教师通过对实验教材与原来老教材进行对比，在使用过程中主要有以下几点感悟：

一、新课程教材的内容变化

这些变化主要有删减繁、难、偏、旧的知识；淡化笔算、加强口算、重视估算；重视统计、概率的教学；改变应用题的教学，重视生活经验在数学中的应用。从整体上来说，教材比较人性化，符合小学生的年龄特征、身心发展规律和认知规律。

二、新课程教材知识编排更科学

知识的编排方面与以往相比，更加体现了新的教材观、教学观和学习观，体现了教学资源的可行性，具有实用性、创新性和开放性的特点。与原教材相比，注意了继承与发展的关系，更具有基础性、丰富性、发展性的特点，其开放性、梯度性、系统性和灵活性得到大大地提升。

三、教材形式设计符合各年级学生年龄特点

教材的编写都采用了"问题情境—建立模型—解释、应用与拓展"的模式展开，注重让学生经历知识的形成与应用过程，充分注意体现普及性、基础性和发展性。教材设计得非常精美，插图多，让学生以这些图作为情境线索，在情境中学数学、用数学。"主题图"是实验教材编写的一大特色，其意图在于体现《标准》。"从学生已有的经验出发，重视学生的经验和体验"的基本理念，为教师组织教学提供了丰富的资源，也有利于调动学生已有的认知经验。

四、计算教学注重培养学生灵活的计算能力，发展学生的数感

过去我们计算的方法是单一的，现在新教材中计算教学体现了算法多样化，学生可以从不同的角度，用不同的方法、不同的思路来计算同一道题，培养了学生解题的灵活性和多样性。练习上将枯燥单一的计算以学生喜闻乐见的形式呈现，这样，一方面将枯燥的数学知识生活化；另一方面也有效地激发了学生学数学、用数学的兴趣，加深了学生对数学美的体验和感受。例如，三年级有两个单元的计算教学内容——除数是一位数的除法和两位数乘两位数的乘法，如此设计有以下优点：①留给学生更大的探索和思考空间；②让学生在自主探索中获得对笔算过程与算理的理解，不出现文字概括形式的计算法则；③让学生在现实情境中理解计算的意义和作用，培养学生用数学解决问题的能力和良好的数感；④加强估算教学，使学生掌握估算的方法和体会估算的作用等。使学生逐步形成面对具体问题，先确定是否需要计算，再选择合适的计算方法（口算、估算、笔算等），最后应用计算达到解决问题的目的这样一种思维方法。这样，不仅能使学生较好地理解计算的意义，形成灵活选择计算方法的能力，发展良好的数感，而且也能使学生认识到解决问题策略的多样性，提高解决问题的能力。让学生面对现实中的问题提出解决问题的有效策略，进一步展示不同计算方法的适用范围等。

五、练习题设计体现"数学源于生活又服务于生活"的教学理念

新教材的课后练习题，改变了以前旧教材中传统的题目，新教材中的练习题不但图文并茂，而且题目都是学生在日常生活中能见到的，而且有些是常用的。这样的练习题设置学生有很大的兴趣去研究，在不知不觉中就把所学的数学知识运用到生活中。教材中练习的设计变得更加开放灵活，尤其是解决问题的安排变得更合理，不仅不再将它作为一个独立的单元，而是与计算教学结合在一起。因为解决问题的数量关系与运算的意义是相同的，在学习计算时实际上也是在解决简单的实际问题。这样安排便于教师站在一个高度以一个整体的观点把握教材，也可为学生今后能做到知识间的融会贯通打下基础。

六、增加了有意义的实践活动

结合学生的年龄特点和教学内容，各册教材设计了更多地需要学生自主探索，亲自动手动脑进行设计与制作的活动。实践活动的增加，不但丰富了学生的生活，而且能让学生深刻地体会到数学知识源于生活，应用于生活。

然而，在教材的使用过程中教师们也发现了教学内容的一些不足与困惑。

1. 新教材客观存在的问题

（1）过量的情境插图分散了学生的注意力，降低了课堂效率。新课标教材中丰富的图片、有趣的情境一改往日数学课本的单调枯燥，但是，数学题中插图的作用不仅仅有趣，它的主要作用是帮助解决问题，越多的插图就代表越多的信息。一道题中除了主题图外，大量的信息干扰了学生对主题的重点理解，分散了学生的注意力，造成了一定的负面影响。对于学生来说，呈现在其眼前的一定会看，不管这些信息有用没用，而课堂的教学时间是有限的，每一部分新知都不可能用无限的时间去学习，还有一些学生在收集信息时就比别人慢了一步，他还没弄懂题意时做题时间已经结束了，久而久之就会导致他跟不上教学的步骤。更有甚者，看着插图漂亮，上课干脆就描起插图了，这一点在低年级尤为突出。

（2）基本知识训练少导致学生基础不扎实。《标准》提出："有效的数学学习活动不能单纯地依赖模仿与记忆，动手实践、自主探索与合作交流是学

生学习数学的重要方式""教师应激发学生的学习积极性，向学生提供充分从事数学活动的机会，帮助他们在自主探索和交流合作的过程中真正理解和掌握基本的数学知识与技能、数学思想和方法"。也许是受这两段话的影响，为了避免"依赖模仿与记忆"，我们新教材在学生掌握数学知识后安排的基本知识训练就比较少。好像学生掌握了知识就会解决问题了，知识就学会了。所以，书中设计的基本习题少，一个练习就3道题，甚至三、四个课时就一个练习。也出现了一些重点例题没有配套基本练习题的情况，有的知识甚至基本知识没有就出现变式练习了，如《长方体和正方体的表面积》，教完三、四课时后只出现了一个练习，而且马上就进行了全面的拓展性练习，跳跃性太大。我们并非是要学生多做练习题来提高数学成绩，但数学知识仅仅理解是不够的，必须通过有效地练习来巩固，才能更好地掌握知识、运用知识。

以上这些问题可能是教材的编者和我们一线教师对教材的要求不统一造成的。例如，教材中丰富的图片，编者认为这些图片能吸引学生的注意，激发学生的兴趣，同时用很多情景图可以实现数学生活化的目标。又如，基本训练少，编者认为数学知识重在理解，为了避免我们教师出现重复的模仿、记忆的题海训练，减轻学生的负担，就让学生在理解的基础上稍加练习就可以了。而我们教师就不这样想了。我们除了教学生知识、培养学生的数学素养、发展学生的数学思维外，还要面对教学质量的检测，如果练习量过少，学生的知识得不到有效地巩固，不仅检测过不了关，而且会为以后的学习造成障碍。

2. 教师主观对教材的解读

（1）教材中知识的呈现跳跃性大，欠缺系统性。新教材的呈现方式看起来是呈"块状"的，好像是降低了知识的难度，但实际是让教师们在"云雾"中去琢磨，特别是新教师，没有老教材的体系做基础，教新教材就更是难以深入了。例如，五年级下册的《分解质因数》这个内容，新教材的呈现是在课后练习的"你知道吗？"这一部分，教材中只有一句话：每个合数都可以由几个质数相乘得到。教材中没有解释什么叫分解质因数，用什么方法分解质因数。若是没有老教材体系做基础，这怎么能让新教师解读得明白呢？部分知识点的出现比较突然，跳跃性大，缺乏铺垫，如四年级的《亿以内数的读写》这个知识。教材只用一个例题就呈现了"整万数的读写""末尾有0的、中间有0的"和"一般两级数的读写"四种情况。这也导致教师解读得不清楚，解读不清，设计教学就可能囫囵吞枣，学生的学习也可能囫囵吞枣。结果就可想而知了。同样，五年级下册分数与小数、整数的互化中，教材只要求假分数化成整数或是带分数，却把带分数化成假分数这个内容删除了，其实在学习了假分数化成整数或是带分数的基础上，顺其自然地学习把带分数化成假分数是水到渠成的事，这样对六年级的分数应用题的教学也省掉了好多不必要的人为障碍，教材这样的安排让学生的学和老师的教都遭遇了一种本不应该有的阻碍。本想让知识呈现简单一点，结果在呈现上让教师遭遇了困惑，也使我们的课堂教学效率降低，加之教材中的练习量较小，造成了教学中的"两极分化"问题及弱势群体随着年级升高逐步增多的现象。

（2）教材对知识体系的形成给师生的"创造性"自由空间太大太散。新教材在很多知识点上只给出一些形象的文本资源，提供给教师参考、使用。用专家的话说：我们这样编排是为了让教师创造性地使用教材，灵活地根据学生的实际情况来设计教学，而不是要教师去教教材。还有，为了避免学生对知识的死记硬背，教材不给出法则、规律性的结语，只要学生弄懂就行了。初听起来，觉得很有新意。确实也打破了多年以来我们教师唯教材、唯书本、唯教参的条条主义，解放了我们教师在课堂教学上的思想，放开了我们的手脚；也解放了学生，避免了死记硬背的应试教育。但同时带来了一些不容忽视的问题，如五年级上学期的《一个数除以小数》，教材中只出现一句话：想一想除数是小数怎么计算？教材中都没有计算法则。再以四年级的《亿以内的读法》为例，学生在学完几种情况的读法后，教材只有三个思考题：含有两级的数怎么读？万级的数和个级的数在读法上有什么不同？数位上出现0又该怎么读？虽然这三句话全面概括了亿以内的读法，但容易出现两个问题：

① 老教师不敢违背新教材理念，这导致容易忽视思维的抽象性的养成，使学生的知识只停留在读的表面上。

② 新教师则更会因为只是三个问题，而让学生简单回答。根本没想到去归纳、梳理，使数学思维由形象转化为抽象。这样就错失了一个培养学生抽象思维，使其构建数学知识的大好机会，也容易使学生的知识停留在表面，没有深度和广度，更不利于逻辑思维的培养。如果我们的教师简单地处理教材知识，就容易使学生的思维培养出现缺失，知识难以形成系统，这也是造成应用新课程后学困生增多、两极分化提前的原因之一。所以，对一些概念、性质、

法则、公式、解题方法，有必要在教材或教师教学用书中以合适的方法呈现，这样不仅有利于教师教，而且有利于学生学。

（3）弱化解决问题的学法指导导致学生分析能力下降。数学课程标准实验教材不再单独设立应用题单元，甚至很少相对集中地编排纯应用题内容，而是渗透在"数与代数""空间与图形""统计与概率""实践与综合应用"等四大学习领域的学习中。现在的新教材也比较注重从纷乱的实际问题中获取有用的信息，抽象成数学问题，并让学生提出问题。而在分析数量关系，用数学方法求解或近似解，并在实际中检验方面往往一带而过，显得十分单薄，甚至认为学生了解了生活情境就自然而然地会列式解题，不需要去解析其中的数量关系。这样一来，让我们很多教师误认为"现在的教材不重视应用题的教学了，重视计算的教学""现在的应用题教学只重视提出问题，不重视问题的分析了"。故而，在教学中以学生会"提出问题""会在生活情境中解决问题"为目标，从而直接导致"文字表述的应用题，有的学生看不懂""两步应用题学生找不着思路""综合列式学生困难大""两极分化严重"等现象。

（4）重视算法多样，轻算法优化。在新教材中无论什么计算内容，都鼓励学生采取自己喜欢的方法进行计算，本意是为了尊重学生的学习方式，着眼学生的计算发展能力，实际上却是失去了计算的本质。教材在计算教学中很多时候会在旁边加一句话："还有什么方法？""你喜欢哪一种方法？"教材的编写意图是让学生发散思维，想出多样化的方法计算，同时在多样化的计算中，体会哪一种方法好。这样设计的初衷是好的，但这样容易导致小学生对科学方法的误解。算法的多样化不是算法全面化。孩子毕竟是孩子，虽然能闪现出思维的"火花"，但我们也不应该把这些"火花"无限扩大，非要去穷追所有的算法，因为我们的目的除了培养学生的思维外，还有知识的教学，说明白点儿就是优化算法的学习。

所以，以上这些问题是对教师的教学经验、对教材的理解、对小学数学知识架构把握的考验。老教材教师根据例题就知道教什么、怎么教，而新教材给我们老师的自由空间很大，可以教浅显一点儿，也可以挖深一点儿。没有一个统一的尺度，用教材中的一句话来说："你喜欢哪一种？"但现实真的是能由你喜欢不喜欢决定吗？答案是否定的。因为我们要质量，所以要求我们教师全面把握教材，避免因为这些问题导致我们教学质量下降，导致学生能力下降，导致学生两极分化加剧。

以上是部分一线教师们在教材使用中的一些感悟和困惑，新教材的使用是实践新课程理念的必经之路，用好新教材是落实新课程理念的基础。伴随新课改的推进与新教材的使用，教师们在教学观念、教学方式、教学评价等方面经历了新与旧的碰撞，尝试过失败，也体验过成功。学生们在一种全新的教学环境中，学得轻松，学得愉快，个性得到充分发展。我们将在充分认识、理解新教材内容的基础上，创造性地用好新教材，实践新教材，从而使课程标准提出的基本理念真正得以实现。

（该论文于2013年12月获汕尾市教育教学论文评选一等奖）

参考文献

［1］教育部基础教育司.数学课程标准解读［M］.北京：北京师范大学出版社，2002.

农村小学数学课堂教学的现状与思考

汕尾市城区地处粤东，建市前是一个海滨小镇，现全区有小学79所，其中农村小学54所，而且麻雀学校多，有差不多一半是100名学生以下的学校。这些农村学校，虽然校舍条件还算可以，但由于种种原因，在新一轮的课改中，推进的进程缓慢而艰巨。但从总体来说，新课程的改革还是取得了一定的成效。

一、课改成效

在课改的这个周期里，无论教师还是学生，学校还是社会，课内还是课外，都发生了许多变化。教师的教育观念、教学行为在变；学生的思想、学习方式在变，这是可喜的一面。体现在课堂上有如下几方面的变化：

1. 变铺垫为情境导入

过去我们的数学教学通常是由复习引入新课，学生感觉每节数学课只与数字和运算符号打交道。时间长了，对数学就产生一种厌倦感，尤其是当学生在学习中遇到困难和挫折时就更容易对学习数学失去信心。现在不同了，许多老师，尤其是低年级的老师，能够根据教学内容和教材的主题图，设计不同的教学情境来引入新课，使学生在生动有趣的情境中进入新课，学生学得轻松、愉快，变得爱学数学，想学数学了。

2. 变教条式学习为在生活中学习

一直以来，学生只知道学习数学是为了考试，为了升学，而不知他们生活的周围处处存在数学，处处需要用到数学。这是因为我们所教的数学远离了学生的生活。现在我们走进课堂时，情况完全不一样了，我们所看到的数学课是数学知识与学生的生活实际紧密联系在一起，生活气息非常浓。我觉得数学课已经走进学生的生活。这样教学，学生就不会感到数学离他们那么遥远；就会真正明白为什么要学习数学，变要我学为我要学。

3. 变被动为主动

粉笔+黑板是我们几十年传统的教学模式，教师走进课堂讲个不停、写个不停，学生只是静静地在听数学，在教师的指挥棒下做着枯燥乏味的数字游戏，这是我们延续了几十年的教学方法，老师教得辛苦，学生学得累。现在这种现象有了明显地改变。取而代之的是学生根据教材和老师提供的学习资源主动地学习数学，通过网络等大量的资源信息，自己发现问题并解决问题。学生动口、动手、动脑的机会多了，学生在做数学了，这正是新的课程理念所要求的。

二、存在问题

变化是有目共睹的，成绩是喜人的，在取得这些成绩的同时，小学数学课堂教学也存在诸多不容忽视的问题，让我感到更多的忧虑。新的课程理念在课堂教学中的落实情况，不同区域、不同年龄的教师之间差异很大。总的情况是年轻的教师比年老的教师好，参加过培训的比没培训的好，低年级教师比高年级教师好。总之，新的课程理念在课堂教学中的落实离要求还有很大的差距，存在不少的问题。

1. 教教材而不是用教材

教材是"课标"理念的载体，是课堂教学的依托，是重要的课程资源，但绝不是唯一的资源。教师可以而且应该根据本班学生的实际情况和学校所处的地理位置及环境，灵活处理教材，用好教材，吃透教材编者的意图。有些内容是可以而且是应该重新组织教学资源的，特别是在一些偏远的山区学校，教师应该根据学生的实际情况适当调整或是增加一些切合实际的教学内容。所以，教师要在课前钻研教材，理解教材的真正意图，课堂上要用教材教，而不是教教材。然而，我们在调查中感觉到，教师大多是死搬教材，没有一点儿灵活性。过多地受制于教材，照本宣科，书上怎样写，教师就怎样教，一成不变，缺乏生活气息。

2. 合作学习流于形式

《数学课程标准》要求教学方式要多样化。"合作交流是学生学习数学的重要方式"。这里所说的是重要方式，而不是唯一方式，原来传统的一些教学方式还是有它的积极作用的，并不能完全抛弃。目前有一种怪现象：只要有人听课或是上公开课，教者就不管三七二十一都要用上合作学习的方法，不管教学内容是否合适，也不管学生的实际情况如何。而且合作学习大都是浅层次、低水平的操作，动辄搞小组讨论。有些问题本可以马上由学生回答，也要进行较长时间的讨论，似乎没有讨论就缺少一个程序。有些分组学习是几个同学围在一起叽叽喳喳乱叫一阵儿，给人以表面的积极讨论问题的假象，看上去热热闹闹，没有实际效果。不仅如此，教师在此过程中关注的也只是为数不多的几个同学，合作只是一种活跃课堂气氛的工具，浪费了学生的时间，而且还会助长不良风气的形成，影响学习效果，造成新的两极分化。

从调查的情况来看，大多数教师并没有掌握合作学习的真正要义，老师们采用的小组合作学习方式也并没有给学生提供足够的时间和空间让其充分展开讨论。往往是学生还没开始学习，教师就叫停下。完全是一种形式，走走过场，给听课者看，使得合作学习有形无实，给人以作秀的感觉。

在教学方法的运用上，我们应当明确地提倡教学方法的多样化，只有通过积极的教学实践，深入地去认识各种方法的优点与局限性，才能依据特定的教学内容、对象和环境，选择合适的教学方法，形成自己的教学风格。传统的方法有它的优点，时髦的方法也有它的局限性，我们不能采取极端主义态度，绝对肯定或绝对否定某些教学方法。合作学习是一种好的教学方法，但它不是万能的，不要动不动就合作，动不动就讨论。

3. 课堂评价单一随意，贫乏枯燥

《标准》明确提出："对数学学习的评价要关注学生学习数学的结果，更要关注他们学习的过程；要关注学生数学学习的水平，更要关注他们在数学活动中所表现出来的情感与态度。"这一理念老师们似乎都知道，但是一到课堂上情况就不一样了，教学评价时，老师们往往只关注学生对数学知识掌握得怎么样了，会做几道题目。而学生们的思维过程、解决问题的方法，以及学生在学习数学的过程中所表现出来的其他方面的能力，还有情感态度与价值观等，老师们则往往不太在意。此外，评价方法单一，评价语言贫乏，不分年级，不管问题的难与易，教师都用千篇一律形式、一成不变的语言表扬，使学生对激励失去了渴求的欲望。过多的、廉价的表扬无异于捧杀。我们应当提倡教师的表扬不要随意和漫不经心，要发自内心，要让学生真正感到他的回答已引起老师的兴趣。这种表扬要让学生能感到一种成就感，让学生在学习中体验到成功的喜悦。否定学生的结论，则要让其明白错误的原因，使其体面地坐下。教师的评价语言要因人而异，因问题的难易使用不同的评价语言，只有这样才能达到评价的目的。

4. 教师"指导"有余，师生互动不足

前面提到课堂教学方式有了明显地改变，但这离新课程要求还有很大的差距。调查中发现，在我们的课堂教学中，有超过40%的课仍然是以教师为中心，只看见教师不断地在说，看不见学生动口、动手。课堂上静悄悄地，看上去课堂纪律很有序，可是学生并没有积极地思考，是在被动地学习，有一种被教师牵着走的感觉。这种安静严重地制约了学生的智力和个性的发展，不利于学生的成长，是与新的课程理念相违背的。

课堂教学本是师生互动的过程，有意义的接受式学习是必要的，但更应该体现学生学习数学的过程。"学生的数学学习活动应当是一个生动活泼的、主动和富有个性的过程"。我们要关注每个学生是否在动口、动手，动脑；还要关注每个学生在说些什么，做些什么，是怎样想的，怎样做的。

5. 重结果，轻过程

这是一种普遍现象，大多教师在教学中过多地满足于学生能得出某一个结论或会做几道题目这个层面上，对于学生解决这一问题的过程中的思维方法则漠不关心，有些学生虽然结果是错的，可他的思维过程与众不同，很有创意，对此教师则视而不见，似乎也不在意。特别是在计算能力的培训方面，因为课标中提倡学生解题方法多样化，更让教师有了重结果、轻过程的借口，从而在教学过程中对计算题的优化算法不重视甚至忽视，往往使学生的做法单一、烦琐。这样，在一定程度上失去了数学的"优算"真谛，更扼杀了学生的创造思维和个性发展。

6. 课堂提问缺乏深度

《数学课程标准》要求课堂提问有开放性，所提的问题要具有思考性，有思考的价值，不是随口可答的，要经过一定的思考才能作答；那些不用思考、随口可答的问题尽量少提，最好不提。这样，对老师的要求就高了，备课时不做认真思考是做不到这一点的。有时候需要在课堂上随机应变，教师需一

定的临场应变能力，也就是我们所说的教学机智。事实上，在被调查的对象中没有几人能做到这一点。

此外，在课堂上，教师似乎惧怕学生出错，尤其是公开课，一旦学生出错，教师就马上捂盖子，打圆场，唯恐因此打乱自己事先设计好的教学计划。课堂是出错的地方，出错是正常的，不出错就不正常了，这是一个最简单的道理。学生都会了，还要我们老师干什么呢？学生出错了，教师应该让学生把问题说完，然后分析其错误的原因，以便对症下药，最高的治错手法是以学生的错达到以后的不错，这才是我们教师对待学生的"错误答案"所应具备的态度。

三、成因分析

课改在实施已有10年的时间，新课程理念在课堂上没能真正完全得到落实的原因是多方面的。有客观上的，也有主观上的。归纳起来主要有以下几方面的原因：

1. 思想认识不到位，"万金油"思想作祟

有些教师认为教学改革改了几十年，改来改去还是老样子，因此从思想上就没有把课改当回事，没有给予足够的重视。很长一段时间里，人们总以为小学教师是"万金油"，什么都会教，这是个错误的认识。样样都会，势必样样都不会，更谈不上精。系统的知识需要长时间的学习和积累，就小学数学而言，几加几我相信人人都会，幼儿园的小朋友也会，可是要教好数学却不是人人都行的了。我们知道，中学数学教师来教小学数学也不一定能胜任，何况其他学科的呢。不专就不便于教师钻研业务，自然就不利于教师自身业务的提高，今年教语文，明年教数学，弄得教师无所适从，怎么做得到专呢，教师也不适应。不用说精通，就连小学六年中系统的数学知识都不清楚，又如何教好数学？！

2. 对新课程理念的理解不够透彻

新课程培训虽然进行了多轮，但对每位教师而言，也许就一次，回到学校后就再没有学习，好多老师都是用老方法教新教材。在调查中，还发现有个别学校对教材"数学思考"部分的内容完全扔掉，完全不教。问其原因，得到的答案竟然是老师对一些内容自己也不会，所以干脆不教。据了解，还有相当

一部分老师对课标的理解仅凭几天的大课学习，这怎么能透彻地理解《课标》所蕴藏的真正理念呢？自然就谈不上在课堂上如何实践了。

3. 教师课改意识薄弱

小学教师年龄偏大，这是多年来的老问题，由于师范学校改制，停止了招生师范生，小学教师的补充少了固定的源泉，虽然近年来也曾在大专院校招聘了一些大专生到小学任教，但人数远远不够，小学教师逐渐进入了中老年化。近几年，小学数学教师年龄偏大的问题更为突出，这些教师教了几十年书，积累了不少的教学经验，但同时思想已成定式，很难接受新鲜事物；还有些老教师认为，几十年都这样过来了，改不改都是教书，改革是年轻人的事。

4. 年轻教师不能安教乐教

青年教师本应是"课改"的生力军、主力军。在农村小学，由于有部分老年教师进取心不强，学校很难形成一种教学研究的氛围。本来就是凤毛麟角的年轻教师由于长期处在这样一种不利于自己成长的环境之中，使得他们在思想上过早地老化，产生了惰性，不思进取。平时的上课只是任务式地把课本的内容教给学生，谈不上进行教学研究、教法研究和课题研究，更有好多年轻教师在农村无心教学，想方设法调进城，形成了做一天和尚敲一天钟的消极思想，自然影响了他们的成长。因此，缺乏优秀的、安教乐教的年轻数学教师也就成为必然，课改的落实也就势必受影响。

四、建议与对策

1. 切实稳定教师队伍

要使新课程得到很好的落实，一支业务精湛、思想活跃的教师队伍是关键，切实稳定教师队伍是非常重要的工作。小学学校领导要给教师一个成长的平台，最重要的就是要摒弃小学教师是"万金油"教师的思想，给教师的专业成长提供良好的环境和空间。小学教师今年教这科、明年教那科的现象必须得到根除，力争使教师的任教学科有相对的稳定性。只有这样才有利于教师对工作产生积极性和责任心，才有利于教师业务水平的提高，才有利于新课程的落实，才有利于教学质量的提高。

2. 尽快充实师资力量

新课程理念要靠教师落实，相对而言，年轻人在这方面有热情，有开拓精神，接受新鲜事物快。而小学数学教师队伍年龄老化现象已到了相当严重的地步。因此，各级教育行政部门要做好宏观控制，尽快充实小学数学师资力量。对农村小学教师的人员流动，要有一个切实可行的政策，从源头上根除教师那种"铁打的营房流水的兵"的思想，要让教师能安教乐教，从而保证学校的教学质量。同时，加强城镇优质学校与薄弱学校的交流与共享，搭建强校与弱校之间的交流平台，形成学校管理、教师交流、教学交流与信息交流的网络体系，有效实现资源共享、合作双赢的管理效应。

3. 加强校本教学研究

切实加强以区教研室为指导，以各镇（街道）中心小学为主办单位的学校教学研究。各镇（街道）中心教研组加大对面上学校的业务指导和督促检查，要实实在在地坐下来研究问题，有针对性地解决本校存在的问题，不要形而上学，重形式，走过场。那种只听课不讨论的研究活动是解决不了问题的。要本着为事业负责、帮助同志进步的思想，共同解决教育教学中出现的问题。

4. 加强教师理论学习

理论源于实践，对实践又具有指导作用。如果教师连新的教育理念都不懂，《标准》的具体要求都不知，又如何把新的教育理念落实到课堂教学之中呢？因此，教师必须加强理论学习，学好课标，吃透教材，特别是对2012版的课标，更要及时地进行学习，了解要求，明确目的。各中心小学和学校要有计划、有目的地组织教师学习新的教育理念，学习《标准》，从而更好地推进新一轮课程改革的深入开展和落实。

（该论文于2012年12月获广东教育学会2012年度学术讨论会征文三等奖）

参考文献

［1］刘兼、孙晓天.《数学课程标准（实验稿）解读》［M］.北京：北京师范大学出版社，2002.

如何进行小学数学概念的教学

数学概念是构成数学知识体系的基础，学好数学，首先必须切实理解、掌握概念。小学生掌握概念，是从实物数量和数量形象抽象为数的概念，从掌握概念到掌握概念体系，这是小学数学概念教学过程结构的心理依据。根据儿童形象占主导地位的实际，在进行小学数学概念教学时，必须坚持从具体到抽象的原则，联系学生已有的经验，对丰富的感性材料进行抽象，上升为概念。也就是在教学过程中充分运用教学实例，使学生易于接受抽象的概念，从而形成系统的概念体系。下面结合"数的整除"这一单元的教材特点，来谈谈如何通过实例进行数学概念的教学。

小学生学习概念，往往是从直观获得感性材料，然后再抽象概括而成。因此，实例是理解和形成概念的基础和重要条件，也是数学概念教学的一个关键。它贯穿于数学概念教学的全过程，并且在不同的教学阶段，有不同的作用。

1. 通过实例理解和形成概念

学生在理解和形成数学概念阶段，教师应举出表现概念的全部本质特征的实例供学生思考，如教自然数时，可以根据它的组成分为奇数、偶数；0、1、质数、合数。同时，对一个数学概念，教师应选择肯定和否定两种实例进行对比教学。教学"整除"这个概念时，就要提供除尽和除不尽两种形式的两个算式，如$10 \div 2=5$，$10 \div 3=3$余1；除尽算式中，应包括整除和不能整除两种情况，如$12 \div 6=2$，$12 \div 0.6=20$。概念的肯定实例，如"除尽"和"整除"，就是包含概念的共同的本质特征的事物，是用来说明概念是什么的实例；概念的否定实例，如"除不尽"与"不能整除"，就是不包含概念的共同本质特征的事物，是用来说明概念不是什么的实例。

我在教学中，开头提出的是两个明确的肯定实例，如 $20 \div 4 = 5$，$42 \div 7 = 6$，之后是肯定和否定实例合理交错安排，如 $54 \div 9 = 6$，$5.4 \div 9 = 0.6$。教师应引导学生分析肯定与否定实例，以及它们之间的相似点及区别点，这样，使概念更丰富、完整、准确，也便于学生清楚地把相似的、容易混淆的概念区分开来，不至于产生概念错误。

2. 选择实例，分析特征

当某个概念初步形成后，应及时引导学生选择教师准备的实例，进行概念特征的分析，解释概念的定义。例如，"整除"这个概念形成后，我就给学生提出具有多种情况的实例，包括肯定的和否定的例子，要求学生用整除这个概念，对实例做出判断，开展讨论，进行特征分析，以保证学生能正确地、完整地识别特征，加深对概念的理解。

3. 选择实例，把概念具体化

当概念初步形成后，还应要求学生自己选择实例，进一步说明和解释概念，如"分解质因数"这个概念形成以后，我便要求学生自己举出实例，说明什么是"分解质因数"，列举否定和肯定的实例，如 $12 = 2 \times 2 \times 3$，$12 = 2 \times 2 \times 3 \times 1$，$2 \times 2 \times 3 = 12$，并要求学生解释区分的理由。这样，学生自己选择实例，能把抽象的数学概念与现实生活联系起来，形成理论实践、理论再实践的认知过程，有助于学生理解概念。

各个数学概念形成后，必须引导学生形成概念的系统化，即引导学生揭示概念之间的区别和联系，分析它们之间共同的本质特征，根据它们之间的逻辑关系，按照一定的方向，用一定的图式组成一定序列的概念系统。数学概念的系统化阶段是数学概念教学的重要组成部分。在数学概念教学过程中，只有当学生把学过的概念经过自己整理，构成概念之间有规律的联系，成了某类数学概念体系的一部分，才能真正掌握。同时，小学生由于缺乏知识和经验，许多数学概念常常是孤立的，没有纳入相应的数学概念的体系中。在"数的整除"的概念教学过程中，我引导学生将所学的十几个概念以整除为中心，构成数的整除概念体系，如下图所示：

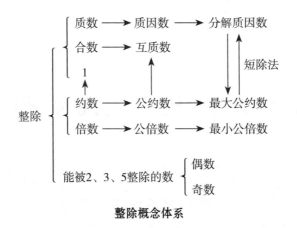

整除概念体系

这样，学生不仅能透彻理解概念，而且易于巩固迁移，从而培养和提高了学生运用概念解决问题的能力。

这个概念之间的联系图，第一步教每个概念，引导学生把新旧概念联系起来。第二步分别建立小系统，"数的整除"就建立了质数、质因数、分解质因数、约数、公约数、最大公约数、倍数、公倍数、最小公倍数等小系统。第三步，引导学生将所学的每个概念综合成各个小系统，再把各个小系统综合成一个完整的数的整除的概念系统，形成完整的思维结构。

学生数学概念系统的形成，是学生在实例教学中从具体到抽象再到形成概念，一步步由量到质的转变和过渡，对学生对概念的理解及实践的应用起到了连接作用。以上是我在教学中的一点儿体会，教学有法，但教无定法，在以后的教学实践中，还有待进一步探索。

（该论文于2006年12月获汕尾市教育教学论文评选二等奖）

构建学案导学模式，打造高效课堂

学案导学，是随着新一轮课程改革的进行和推进，课堂教学中对教师角色的定位和转变的要求，对课堂中学生自主、合作、探究学习方式的改变而衍生出来的一种助学方法和手段。导学案是教师经过深入理解教学目标，抓准教学重难点，是以学生为本，以新课程标准为指导，以素质教育要求为目标编写的，用于指导学生自主学习、主动参与、合作探讨、优化发展的学习方案。

"学案导学"教学模式打破只用教案教学的常规做法，以学案为载体实施对学生自主探究、主动学习的指导，将课下与课上相结合，学案与教案相结合，学生自主学习与教师讲解诱导相结合，课本知识与生活实践相结合，知识技能与能力素质的培养相结合，全方位、多渠道、多角度自主探究主动学习，亲身体验知识形成的过程。导学案是学生自主学习的方案，也是教师指导学生学习的方案。它使学生的知识更新问题化，能力过程化，情感、态度价值观的培养迁移化。按照学生的学习过程设计，将学习的重心前移，充分体现课前、课中、课间的发展和联系，在先学后教的基础上实现教与学的最佳结合。其操作要领主要表现为先学后教、问题教学、导学导练、当堂达标。

一、学案导学模式的构建

学案导学，是以学案教案为载体，以导学为方法训能达标的教学活动；是培养学生能力，提高课堂教学效益，突出学生自学能力，注重学法指导的教学策略体系。其突出优点是发挥学生的主体作用，突出学生的自学行为，注重学法指导，强化能力培养，把学生由观众席彻底推向表演舞台。教师的角色由原来的主导者完全转变成为引导者、合作者、服务生。教师在课堂教学中要改变传统教学观念，彻底抛弃以往那种"不讲不放心；老师在讲台上自我陶醉，学生在下面浑浑噩噩；老师只为自己完成教学任务而不关心学生学的情况"等传统做法，不包办，不搞一言堂，切实注重学生的"思维活跃度"，充分尊重学生的主体性，引导学生主动思考，给每个学生提供表现成功的机会。学案导学教学模式的教学精髓是学生在老师指导下进行自主学习，重在"导"，不仅着眼于当前知识掌握和技能的训练，而且注重能力的开发和未来的发展，其教学策略主要包括：和谐的师生关系是学习的基础；培养创新思维是学习的核心；教师的导学是学习的前提；讨论质疑是学习的方法；更新教学手段，开展多媒体教学是学习的有力保证。学案导学的关键和灵魂是把握学情，编写一份切合学生知识水平、准确把握教学目标、梯度难度适中合理的学案。学案的编写是整个导学过程中最重要的环节，要求老师对教材有深层次的理解，对知识点能正确地把握，对学生的"学情"即"认知程度"有足够的了解。

（一）学案导学模式的设计部分

学案的组成部分应包括学习目标、知识准备、学习内容、学习小结、达标检测、疑难信息反馈等部分。学案的设计，包括学习内容和学法指导。

1. 围绕教学目标，紧扣教材

从整体上体现教材的知识结构和知识间的内在联系，设计出符合学生实际情况的学习目标，使学生明确自己的学习目标，以及自己将要掌握的重点知识和要突破的难点知识。

2. 设计的问题要有启发性

对课本中学生难以理解的内容有适当地提示，配以一定数量的思考题，引导学生自主学习，在问题的解决过程中培养学生的能力，激发学生的求知欲。

3. 问题设计应有层次性、梯度性

应根据学生对问题的认识逐渐加深，做到循序渐进，使学生意识到要解决教师设计的问题不看书不行，看书不详细不行，光看书不思考不行，思考得不深、不透也不行。这样学生就能真正从教师设计问题中找到解决问题的方法，学会看书，学会自学，使静态的学习内容动态化。

（二）学案导学模式的课堂环节

"学案导学"的课堂教学模式，主要的课堂环节包括：执案自学、以案导学、信息反馈、组织讨论、引导点拨、当堂检测、梳理整合、拓展创新具体。

1. 依据执案自学情况，进行以案导学

课前下发"学案"后，学生据此进行预习自学，老师要为学生做好旧知识的铺垫，因为旧知识是学习新知识的基础。课上老师可根据学生自主探究的信息反馈，准确把握教学目标和学情，指导学生在学会的过程中实现会学。学生以"学案"为依据，以学习目标、学习重点难点为主攻方向，主动查阅教材、工具书，做实验，思考问题，分析解决问题，在尝试中获取知识，发展能力。教师应要求学生把预习中有疑问的问题做好记录，让学生带着问题走向课堂，这样做一方面能逐步培养学生自主学习的能力；另一方面能使学生逐步养成良好的预习习惯和正确的自学方法，而良好的预习习惯和正确的自学方法一旦形成，往往能使学生受益终身。

2. 依据疑难信息反馈，组织讨论，小组尝试解疑

"学案导学"一开始就要求学生去试一试，并给了学生充分自由思考的时间。学生在尝试中遇到困难就会主动地自学课本和接受教师的指导。对于学生不能解决的问题，教师引导学生通过学生个体发言、同位探讨、小组讨论、全班辩证多种讨论方式，通过矛盾的撞击产生解决问题的原动力，并充分调动优秀学生的带动作用，多角度、多层次进行辨析，尽可能互相启发，消化个体疑点。

3. 教师引导点拨，学生归纳总结

对于难度较大的倾向性问题，或是重难点问题，教师要抓住要害，讲清思路，明晰事理，并以问题为案例，由个别问题上升到一般规律，以起到触类旁通的教学效果，做到给学生扶一把再放手，使学生在教师的指导下归纳出新旧知识点之间的内在联系，构建知识网络，从而培养学生的分析能力和综合能力。

4. 梳理整合，形成架构

学生归纳总结本节课所学的重点内容、规律和解题思路、方法、技巧。把知识梳理成线，形成架构加深印象；要突出易错易混易漏的知识薄弱点，引起全体同学足够的重视；教师及时反馈，评价学生课堂表现，起导向作用。

5. 当堂检测训练，知识迁移拓展

紧扣教学目标，当堂训练，限时限量，学生独立完成。教师巡视，搜集答题信息，出示参考答案，小组讨论，教师讲评，重点展示解题的思维过程，特别是学生易漏易错的知识点，教师应当给予强调提示。

针对学生在达标训练中出现的问题，待教师及时矫正之后，可即时补充补偿练习题，给学生内化整理的机会，面向全体教师，挖掘每个学生的最大潜能，逐层分化，立足教材，超越教材，以开放的学习思路，拓展知识，培养学生良好的思维品质，从而把新知识纳入个体的认知结构，进而形成个体的创新性能力。

二、导学案模式要处理好的几个问题

导学案是引导学生学习的方案。"导学过程"是一篇导学案中最核心的部分，是达成目标的关键，是导学案的最重要的设计内容。"导学过程"要实现导学功能，学生首先要知道怎样学和学什么的问题；其次，学生要知道具体可执行程序和研究的问题。所以，导学案要处理好以下几个问题：

1. 如何编写一节课的导学案

编写高质量的导学案是一节课成败的基础，它能体现教师的"支架"作用。使用时要求教师语言简练，开门见山，直击要点。导学案的开发原则是功能导学化，即要做到导学问题化、问题思维化、思维品质化。在导学案的运用过程中，要警惕导学案内容以"做题"为重要载体和主要形式，把导学案变成练习册自学引导的复制品，或者变成学生练习单。要将习题化导学案改为问题化导学案，将学案的后测性检验改为前瞻性引导。作为教师，要清楚何时点拨，点拨什么内容（易错知识点、易混知识点、方法、规律、知识结构、注意事项、拓展等）。

2. 不要把导学案做成习题集

一份好的导学案离不开练习和检测，让学生带着问题走向课堂，更是导学案的任务之一，但导学案绝不是习题集。导学案通常有六大功能：①学生自主学习的路线图；②课堂知识结构体系的呈现表；③学生课堂展示的小剧本；④学生课堂学习的随堂笔记；⑤自我反思小结的知识树；⑥以后复习巩固使用的数据库。导学案中的习题有如下要求：①题要精选，量要适中；②具有针对性和典型性；③难度适中，既面向全体，又关注差异；③便于合作交流；⑤注重及时反馈矫正。

3. 面向全体，关注个体

导学案是为学生学习服务的，必须从有利于学生学习操作的角度思考创作，要始终把学生放在主体地位，满足不同层次学生的需求，要使优秀生感到挑战，一般学生受到激励，学困生也能尝到成功的喜悦，让每个学生都学有所得，最大限度地调动学生的学习积极性，提高学生的自信心。这就需要在编写导学案时将难易不一、杂乱无序的学习内容处理成有序的、阶梯性的、符合各层次学生认知规律的学习方案。导学案要有梯度、分层次、可选择，让学生在"最近发展区"自主探究，获取知识。那些僵死、单调、不看对象的导学案，要求全班统一用，显然不行！

4. 学法指导，授之以渔

导学案中应体现教师必要的指导和要求。例如，学生自主学习时，教师要明确学哪些内容，用多长时间，达到什么要求，对学生遇到的难题，用什么方法去解决。导学案应逐渐渗透各种方法，如阅读的技巧、做笔记的方法、小组合作的技巧等。导学案中学习目标设计、疑难问题提示、解题思路、方法、技巧等指导性内容，最好能构成一条明晰的学法线。

5. 及时反馈，适时矫正

自学、展示、反馈是高效课堂的三部曲。许多导学案的编制，练习有余，展示不足；检测有余，反馈不足。具体表现为，对展示的内容、形式、时间，缺乏计划和引导；对反馈的途径和内容，不能组织有效地回应与矫正。展示与反馈的基本要求是"注重展示，暴露问题；针对反馈，及时矫正"。展示既是学习的形式，又是动力的源泉，展示的重点是知识的构建过程，而不是简单地陈述答案。反馈要追求多维互动，简单的问题对子间解决，稍复杂的问题群学时除掉，真正需要反馈给老师的，是中断的学习线索、无效的知识链接和迷失的突击方法。

在新一轮的课改中，由于课堂主体的变化，师生角色的转变让学校不断地追求课堂的高效。学校"学案导学"模式的构建，力图解决"以学生为中心"的主体参与、自主学习为主体地位的问题，变"被动学习"为主动学习。使学生能够在学案的引导之下，通过课前自学、课堂提高、课后链接等环节的调控，降低学习难度。而教师则借助"学案导学"这一策略，能够将教材有机整合，精心设计，合理调控课堂教学中"教"与"学"，从而极大地提高了课堂教学效率。学案导学模式的建立，打破了传统教学模式对课堂师生教与学的束缚，让学生学得主动，教师教得轻松，还课堂给学生，还学习的主动权给学生，更好地完成教学任务，进一步提高了课堂效率，打造了新课程改革的高效课堂。

（该论文于2014年12月获汕尾市教育教学论文评选一等奖）

参考文献

［1］龚雄飞.有效的教学预设与生成［J］.新课程（综合版），2007（7）.

观念和方法是练习课教学的改革重点

练习课是学生在教师的指导下对学过的知识和技能做各种练习，以巩固与应用知识，形成技能、技巧或行为习惯，从而能更灵活准确地解决实际问题、提高能力的一种教学方式。练习课重在"练习"。小学数学教学中，练习课举足轻重：基本练习是由旧知引申到新知，它起着承上启下的作用；形成性练习是发现规律特征，形成新知识理论，它起着投石问路、抛砖引玉的作用；巩固发展性练习则直接反馈出学生对新知识的理解接受情况，并影响学生系统知识理论和技能、技巧的形成。

随着应试教育向素质教育转轨，教学改革的深入开展，练习课的改革势在必行。在教学实践中，观念的转变和方法的改革是练习课改革的两大重点。

一、观念的转变

1. 练习课不能停留在表面的"练"

鉴于种种原因，练习课往往成了教师强加在学生身上的一副枷锁。过于强调"练"，就会忽视双边活动中"教师为主导，学生为主体"的原则。虽然是以练为主，但教师不能把练习任务全盘放手交给学生，而应把教师的"讲"与学生的"练"结合起来。"讲"的目的是"导"，其"讲"不同于新授课的"讲"。在进行练习之前，教师应抓住练习的中心，把练习的目的、重点、难点及方法、注意事项用精练简洁的语言点明，从而减少学生的负担，避免在练习中出现盲目性。所以，练习课不单是学生简单地"练"，而是首先明确为什么要练，从而确定怎样练，最后还要检查练得怎么样。

2. 练习课不是为了校对习题的结果

虽然从练习的结果中可以让教师了解到学生对所学知识技能的掌握情况

和存在问题，有利于及时采取措施改进教学，使学生知道自己的不足，迅速改正错误，掌握正确的解题方法，但练习更重要的是为了消化，巩固所学知识，并在练习中发现规律特征、形成技能技巧。所以，练习课不能只是校对一下习题的答案，吹毛求疵，背离练习的最终目的，应重视练习的过程，在整个练习过程中发现问题，提高学生的能力。

3. 练习课并不是量多就可质好

一味追求数量，搞"题海战术"只会给学生造成不必要的精力、体力上的过重负担，不利于思维的开启。练习课同样讲究精讲精练。教师应于课前精心设计练习的内容、形式，选择科学的方法，使练习活动能紧靠中心，突出重点，有量无质的练习课要摒弃。

二、方法的改变

练习方法是一节练习课质量优劣的决定因素，科学合理的练习课有利于练习任务的迅速完成和目的的最终达到。在练习课的教学上，应正确处理好以下几点：

1. 坚持练习方法的多样化和灵活性

小学生天生活泼好动，注意力易于受外界的影响而转移，同时有极强的好奇心和求知欲。练习课中单一的题型和练习方法容易使学生感到枯燥乏味，机械地模仿又不利于思维的发展。所以，不论在题型还是在方法上，教师都应精心挑选设计，力求全方位、多角度地满足学生，使学生在练习中及时对知识进行梳理，形成技能。

例如，在小学六年制数学第十二册"圆柱的表面积"的教学中，新授课完成以后，学生对圆柱表面积有了初步的了解和认识。在练习课上，我设计了判断题、填空题，让学生通过抢答，辨析理解，再以简单应用题进行练习，巩固了对表面积计算方法的理解和掌握。接着又设计了一个智力游戏：把事先切割好的圆柱体让毛遂自荐的学生上台表演，把圆柱体割拼成一个近似的长方体，如下图所示：

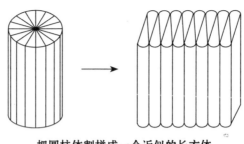

把圆柱体割拼成一个近似的长方体

出示这样的一组问题想一想：

（1）长方体的上、下底面是圆柱体的哪部分？

（2）长方体的前后面是圆柱体的哪部分？

（3）长方体的左右面是圆柱体的哪部分？这是哪里来的？

（4）把圆柱体切拼成近似的长方体，表面积增加了多少？体积有变化吗？

通过游戏，学生兴趣浓烈，在直观易懂中迅速解决了上面的几个问题。在该节练习课中，既巩固了圆柱体表面积的计算方法，又融会贯通地理解了长方体的表面积，"表面积增加了多少"这一问题发展了学生的发散思维。最后的"长方体的体积有变化吗"为学习下一节圆柱体的体积做了铺垫。练习课的方法多种多样，其目的就是要巩固知识，发展学生的技能技巧。在形式上可用填空、计算、线段图等题型，设计相应的抢答、开火车、游戏、竞赛等活动，由浅入深，由易到难，结合练习的内容和学生的实际来选择确定，要科学合理，避免形式主义和无痛呻吟。

2. 练习课要体现个别性

在任何班级中，都存在不同智力层次的学生，所以练习课也要因材施教，照顾个别。对于知识消化有余力的学生，应适当加大练习的强度和难度，激发其学习的兴趣，挖掘其潜力，使其吃得饱，消化得了。对于低下层生，则要加以指导，扶一程再放手，扶放结合。

3. 练习课也要注重讲评、小结

练习中的评讲小结是画龙点睛的一着。如果只是订正结果即草草了事，则是对整个练习过程的抹杀，恰到好处的评讲、带有合理评价的小结能使学生备受鼓励。

　　总之，练习课是教学中举足轻重的一环，它需要在教学实践中不断改革、完善。每一节有量有质的练习课，都需要教师花费很多的汗水和心血，以换来学生丰硕的知识。

（该论文于2003年12月获汕尾市教育教学论文评选三等奖）

合理利用电教媒体，优化媒体组合

　　如何有效地教，有效地学，这是教学的核心问题。在教学日渐科技化，网上资源随时随地可以共享的今天，在从应试教育向素质教育转轨，并提倡全方位进行素质教育的形势下，黑板+粉笔的传统教育已不能适应现代教学的要求了。为了更好地激发学生的兴趣，开阔其思路，培养其能力，开发其智力，调动其积极性，电教媒体应与传统的教学方法相结合，扩展教学中信息传递的途径，是现代教学的要求。根据教学目的和教学内容的需要，将选用的电教媒体及相应的教学软件与其他传统的媒体结合起来，精心设计，合理安排，使它们相辅相成，扬长避短，以构成教学信息传递和反馈调控的多媒体组合系统参与整个教学过程，有效地弥补传统教学的不足，使课堂教学得到合理的优化。

　　在教学过程中，运用多媒体组合进行教学，是强调电教媒体与传统教学的有机结合，当它们组成一体进行教学时，应当注重以下几个方面的问题：

　　1. 根据教学内容，选用合适的电教媒体

　　媒体的使用，应当在教学设计原理指导下，根据教学需要选择相关的媒体，分析各教学媒体在教学过程中的功效和需付出的代价，即选用功效大、代价小的媒体，并确定它们的使用目标，使之共同参与教学活动。可以说，在众多的电教媒体中，没有哪一种是万能的，每一种媒体都有其优势，同时有其局限性。所以，媒体组合进行课堂教学，要特别注意优化组合的结构。以学科为例，如数学的教学，需要较多的投影片，但在一节课上，不能没有学生的表演，即板演，教师的板书也离不开黑板等传统的教学媒体。如果忽略了这些媒体，其教学效果必然会大大削弱，课堂气氛必然是死气沉沉。

　　2. 必须着手多媒体合理有机的组合

　　多媒体的合理有机组合，形成的整体功能最有效，即1+1>2。因为每一种媒体都有一定的属性和特征、功能，但没有哪一种媒体对所有的教学目标都是最佳的选择。它们发挥作用的大小优劣，不仅需要它们各自性能的体现，更取决于它们相互组合形成的结构功能的效用。例如，在语文教学中，投影媒体可以增加视觉效应，呈现情景，提供示范，表现动态；而录音在情境中注入声音，形成听觉效应，把它们有机地结合，声情并茂，既渲染了气氛，又激发了学生的学习热情。同样，在英语教学中，利用语音室的设备，进行信息互传，投影媒体出现单词的各音节，配上录音的范读，能对教学起到很好的优化作用。在这一意义上，媒体没有"高级"和"低级"之分，主要是看它们怎样使用才能取得最佳效应。

3. 媒体组合的目的在于优化，优化教学过程和效果，提高教学质量

媒体的组合在于根据教学内容和教学目的的需要进行，故而形成的系统应保证各媒体功效的积极发挥，以利于调动学生多感官地在积极状态中学习。因此，既不可因媒体的易得而简单化地凑合使用，也不可图形式的多样而滥用。凑合只会使学生不知所措，滥用也会起到"画蛇添足"的消极作用，都是不可取的。

在教学活动中如何将电教媒体与传统的教学方法有效结合，达到优化的目的？讲究在课堂上使用的程序，确定最佳作用点与时机，建立直接及时的反馈渠道。一般而言，使用电教媒体没有固定的时间程序，可用于一堂课的开头、中途、结尾的任意一个时间段，虽然没有固定的程序，却有一定的规律。例如，我在教学长方体和正方体的表面积时，选用的电教媒体是自制幻灯片、录像机、自制录像带。传统媒体有：小黑板，自制长方体、正方体的模具。一开始我出示了长方体和正方体的模具，在直观上使学生理解了长方体和正方体6个面的总面积就是它们的表面积，即表面积就是它的6个面的面积的和。为了进一步推导它的计算公式，突出重点，渲染气氛，激发学生的学习兴趣，我把长方体的模具连体切成一个平面图形，在幻灯上投影出现，形成了以阴影出现的组合图形，再把其中相对的面分别重叠起来，又组成一个比原来的组合图形少一半阴影的组合平面图形。这样一来，使学生在观察中理解了长方体的表面积中，相对的面的面积相等，只要求出它的相交于一个顶点的三个面的面积的和，再把和乘以2，就得到长方体6个面的总面积，即表面积。这样，学生通过教师的指导观察，正确地理解了长方体表面积计算公式，整节课的重点可以说已基本解决了。这时我再利用幻灯片出示求长方体表面积的习题，学生利用书写片和黑板进行练习，巩固他们对教学内容的理解。为了照顾班中比较高能的学生，我在录像中出现这样的内容：实境粉刷教室五个面；游泳池四周和底面贴方砖；还有，铁工师傅在做烟囱，一节烟囱需多少铁皮等求实物表面积的特殊图例。整节课通过电教媒体与传统教学方法的有机结合，使学生对立体图形比较抽象的内容，得到具体的认识和掌握，既使学生的思维得到了训练，又建立了与学生直接的反馈渠道，全面掌握学生对知识的掌握情况。

对于电教媒体组合运用的效果好坏，离不开教师的设计。教师是知识信息的发送者，电教媒体使用的成功与否，关键取决于教师，教师必须认真钻研大纲和教材，研究教学对象，掌握媒体的功能，根据课堂教学的实际，为解决教学的重点难点恰当使用，与传统教学媒体有机结合起来，相辅相成，有效地传递信息，呈现教学内容，优化课堂教学过程，以取得最佳的综合教学效果。

（该论文于2002年3月获汕尾市第二届中小学实验教学与应用现代教育技术优秀论文三等奖）

2

育人有方

第二篇

当"研"传身教的引路人

身为汕尾市城区教育局教研室小学数学教研员的我，是广东省新一轮"百千万人才培训工程"名教师培养对象、广东省小学数学骨干教师、汕尾市"1212工程"名教师培养对象、汕尾市小学数学学科带头人、汕尾市城区首批学科带头人。参加工作25年来，我担任过班主任工作、数学教研组长、中心小学数学教研员、教导主任。一路走来，我忠诚于人民教育事业，爱岗敬业，时刻保持强烈的事业心和责任感。作为一名县（区）教研员，我立足本质，潜心教科研，在工作中摆正位置，勇当课改排头兵、业务管理的优秀指挥员，充分发挥了一名教研员的魄力和能力，华丽地完成从战斗员到指挥员的角色转变，利用教研员的平台，更好地服务于学校、服务于教师，充分发挥研究、指导、服务、引领的作用，成为全区学科教研工作的参与者、合作者、研究者、指导者。在新一轮的教学改革中，带领全区、全市学科教师进行教改教研，成为汕尾市城区教育战线上一名"研"传身教的引路人。

1. "研"理念，教教学观念

教学实践，理论先行。重要的课程资源、先进的教育理念、成功的教学策略，源于对教学理论的不断汲取和积淀，并内化成自己的教学理念。一直以来，我先后参加了广东省教育厅组织的浙江、上海、南京三地先进地区教学理念标杆学习，参加了华南师范大学、西南大学、浙江大学举办的汕尾市教研员高级研修班，以及2014年教育部教师司举办的国培计划（2014）示范性教师工作坊高端研修项目小学数学项目研修班和全国未来教育专题课程——运用数据进行高级思维培训等培训。通过学习培训，提高了理论水平，更新了教学理念。为了学以致用，发挥引领和示范作用，本人深入学校、深入教师，组织学科教师学习先进的教学理论，并针对学科教师存在的问题，开展教学讲座。自2007年任教研员以来，举办了市、区级教学讲座9场。通过系列的理论学习和示范带动，促使学科教师提高了理论水平和专业素养，让其把理念应用到实践中，从而转变教学方式和教学行为，并及时反思和修正教学行为，同时加深对课改重要性和必要性的认识，奠定走进课改的理论基础。

2."研"课堂，教实施能力

学校是教研员工作的主阵地，教研工作离不开学校，离不开课堂。为此，每学年100天以上下到学校开展调查研究成为我的日常工作。其中听课、评课达110节以上，经常性地召开座谈会、调研会，参加学校校本教研活动和集体备课20次以上，帮助教师开展课堂教学研究。通过深入教学第一线，倾听教师呼声，在与教师交流、研讨的思想碰撞中，及时发现问题、解决问题，解答教师困惑，促进课程目标的实现，不断提升教师的教学实施能力。同时，开设专题讲座，帮助教师改变教学方式，帮助教师提高课堂教学讲授、设计教学问题、创设教学情境、指导学生学习方法各方面的能力等。为全区小学数学教师举行了两次小学数学教师教材培训，一次以四年级下册为例，一次以五年级上册为例，为全区小学管理干部和教师举行了《校本教研与教师专业发展》专题讲座，通过开展教学专题讲座，围绕课改需要，使自己成为课程改革的研究者、理念与实践有机结合的促进者、教师专业成长的引领者、教学问题的发现者，以及现代信息技术的先行者。还通过上示范课，给教师提供典型示范，并在课后的研讨会中，与教师一起做课，进行点评和讨论，引导教学发展方向。

3."研"专业，教专业素养

作为教师，必须有渊博的专业知识和高超的专业能力，才能在教学中游刃有余，才能授好每一节课。作为一名教研员，我从学科特点出发，指导学科教师注意各学科之间的知识联系，培养他们的大学科意识和跨学科综合能力，能够在教学中运用本学科知识来解决本学科及现实生活中的实际问题。

汕尾市城区教育起点低，区域发展不平衡，为促进教育教学的均衡发展，缩小全区城乡学校教育的差距，2006年至2007年，我主动到城区薄弱学校捷胜镇埔尾小学进行为期一年的支教活动，亲自体验农村教育的改革模式，探索如何提高农村教育的教学质量之路。为提高农村小学的教育教学质量，吃苦在前，克服了种种困难，使该校的成绩有了质的变化和提高，《汕尾日报》于

2007年5月13日对我的支教事迹进行了报道。任教研员以来，我从实际出发，组织全区学科教师开展教育教学改革，组织开展了全区学科教师的教学设计比赛、说课比赛、课堂教学基本功竞赛、综合技能竞赛和优秀课例评比等活动，为教师提供展示才华的平台，不断促进教师提高专业水平。在活动中，认真做好组织、指导、评定与总结工作，充分整合全区的优质资源，以示范课形式送教。每学期至少组织两次全区性优秀数学教师到农村小学进行巡回上课，开展片区互听互评，以"同课异构"的形式开展活动；还通过开展座谈会、研讨会等形式，给农村小学送去最新的教育理念、教学方法和教育信息，推动新课程改革，为城乡学校课堂教学的一线教师提供了学习和交流平台，实现了教师之间的教学互助，共同成长，从而提升教师们的业务素质，促进了全区数学课堂教学改革的全面深入开展，大大缩小了城乡之间教学质量的差距，大大提升了农村学校教师的自信心，达到了教育均衡发展的目的。城区开展的这种片区教研模式得到市教研室的肯定和表扬，并得到省教育学会的推广。在2018年9月份广东省新一轮"百千万人才培养工程"小学培养对象的第四次跟岗培训中，我在东莞长安中心小学为广东省钟晓宇名师工作室的市、镇两级工作室成员及镇上的学科教师180多人上了示范课《植树问题》，做了《新课标下教师的角色定位》专题讲座，得到了广东省外语艺术职业学院领导、导师及工作室成员的一致好评。

4."研"课题，教科研能力

随着新课程改革的深入发展，越来越多的教师意识到了教育科研的重要性，但相当部分教师对课题研究缺乏必要的理论知识和实践经验。于是我根据各校教师的不同层次，帮助各层次教师将问题转化为课题，选择和确定适合的、实用的科研课题，使科研课题贴近实际，并和他们一起制订切实可行的实验方案，选择恰当的研究方法，在教学实践中实施课题研究。通过课题研究，提高老师的教育科研能力、教育科研意识、教学理念和教学行为，推动他们的专业化发展，最终达到促进教师将课改要求落实到课堂的目的，并指导教师撰写教学论文，帮助教师修改完善实验申请报告、实验方案和结题报告等。同时，自己积极参与课题研究，主持了省教育科研十二五规划课题"农村学校校本教研实效性策略的研究与实践"，以捷胜、东涌两个镇的义务教育阶段学校为实验学校，组织、引导学校的课题教师开展课题实验。主持了市教育科研十二五规划课题"学校校本教研实效性策略的研究与实践"并顺利结题，课题案例《校本教研实效性策略的研究与实践》在广东省教育研究院举办的全省教研案例交流活动中做主题交流；课题成果参加汕尾市第二届普通教育教学成果评比获一等奖；主持了市教育科研十一五规划课题"小学数学教师有效课堂教学策略的实践与研究"并顺利结题，课题成果参加汕尾市第二届普通教育教学成果评比获二等奖；作为主要成员参与广东省教育科研"九·五"规划课题"教学方法与技巧的研究与实践"的子课题"数学课堂教学渗透学法指导"研究与实验，已结题，其成果获市"九·五"教育科研成果一等奖。在教学科研中，我及时地总结教育教学工作中的反思与经验，形成自己的教学思路，及时地撰写论文，有多篇教学论文在不同刊物发表、获奖：论文《农村小学数学课堂教学的现状与思考》在《广东教学》（CN44-0702/F）发表；论文《小学数学"综合与实践"课程的基本特征——基于义务教育人教版教科书〈数学〉第一学段的教材》在《粤东基础教育研究》发表；论文《浅析小学数学"综合与实践"如何体现课程的综合性和实践性》《探索片区教研模式促区域教育均衡发展》《教师如何开展有效的课题研究》《构建学案导学模式打造高效课堂》《小学数学新教材使用的感悟与困惑》《校本教研初探》《应用题教学应多方位培养学生的发展思维》，教学案例《分数除以整数》以及教学设计《圆的周长》等论文和案例在《汕尾教育》上发表，每年都有论文在省、市各级的评比中获奖，对全区教师教科研工作的开展起到了很好的引领作用。

5. "研"典型，教合作能力

青年教师是教育教学工作中的生力军，其专业成长将直接影响教育教学和学校的可持续发展。为此，培养典型青年教师，加强教师队伍建设，搞好教学教研工作是重中之重。特别是对学科带头人、骨干教师、教学能手、优秀教师等培养尤为重要，通过以点带面，促进教师队伍建设，提升整体素质。在教研过程中，我始终把培养青年教师作为自己工作中的一项重要内容。每年主动带头上区、市级学科示范课；组织教学基本功竞赛（说课、上课、教学设计、评课等竞赛）；给青年教师"压担子"，让他们上区级公开课，承担课题研究任务；指导青年教师撰写教学论文等。近几年，我有计划跟踪培养指导的庄瑞奇、林晓娜、黄月娟、唐小娜、肖秋敏、陈秋纯、郑雅洁等十多名青年教师，已成为市、区的骨干教师或学科带头人、教坛新星，为本地区的教师队伍增添了活力。他们的课例（含说课、录像课）、论文、实验课题分别获省、市一、二、三等奖，奖项累计30多项。通过对典型教师培养，使典型教师更成熟，同时带动其他教师一起成长，促进教师之间的合作交流，极大地推进了新课程的实施。

作为一名教育工作者，我用一颗执着的心，一种百年树人的长远教育理念，与时俱进，和全区的教育工作者一起，为城区基础教育的发展奉献着自己的青春和力量，得到了同行和上级部门的肯定和认可，先后被中国教育学会评为"先进工作者"，被广东省教育学会评为"优秀工作者"，被汕尾市教育局评为"先进教育工作者"，被中共汕尾市城区委、区人民政府评为"优秀教师""优秀教育工作者"。教育是一门科学，教育科学的道路没有终点，我们教育人永远在路上，我愿意永远做一名"研"传身教的引路人。

（2017年10月28日）

请给孩子松松绑

——听吴加澍教授报告有感

2016年5月14日下午，作为广东省新一轮"百千万人才培养工程"小学名教师培养对象，在浙江大学华家池校区的报告厅，我有幸聆听了浙江省特级教师、浙江省功勋教师、教育硕士生导师吴加澍教授《名师的成长与修炼》专题报告。吴教授精神矍铄，颇有学者风范，其渊博的知识、缜密的思路、富有磁性的语言，为全体学员做了一场震撼人心，让人热血沸腾的励志报告。听了吴教授的报告，使我对"名师"有了更准确地理解。报告对我启发最大的是吴教授"回归课堂，把课堂还给学生"有效教学根本之举"三大策略"。

1. 大道至简——课堂形态回归本真

吴教授认为："学生的主体地位需要有一定的时空条件做保证。""上课追求'面面俱到，滴水不漏，讲深讲透'，既不可能，也无必要。""学生在课前一个个像'问号'，而课后一个个都成了'句号'，这绝非是教学成功的标志。"大凡最普遍、最本真的东西都是最简洁的，这是我们区别事物真伪的一条准则，也可以作为评价一堂好课的重要标准。现在有些老师，在课堂上，在教育教学中，学生的"需要"常常得不到满足，学生的"不需要"常常得不到尊重，这在很大程度上制约着教育的民主，侵蚀着教学的真实，消解着学生和教师的幸福感。教学的过程被冠以所谓高大上的各项名词，本可以用板书与动手演示就能轻松解决问题，偏偏使用多媒体教学，以示现代化手段；本可以用思考或想象就能清楚理解教学内容，偏偏使用操作或游戏，以示活动化过程；本可以从知识内部就能自然延伸，偏偏还要回到生活，以示生活化情境；本可以用语言、眼神或手势就能激励学生，偏偏还要使用纸质或物质奖励，以示过程性评价等，种种附加的外在形式，人为地让教育教学更加复杂，加重了学生学习的负担，把学生的思维方式、学习习惯、自主发展绑架在教师的"大爱""师本位"中。所以，我们应该让教学回归本位，把课堂还给学生，努力营造课堂教学的原生态。

2. 大智若愚——教师思维还原稚化

吴教授认为："与学生相比，教师'闻道在先'，具有知识上的优势，'师道尊严'又有心理上的优势，但如果处理不当，也会因此产生负面影响，变优势为劣势。经常有这样的情况：教师经过精心备课，对教材内容烂熟于胸，讲起课来行云流水，学生也听得懂，可就是学不会。一个重要的原因就是教师将自己的思维活动过程过分提纯，过度包装，没有充分地展现开来，因此不能有效地启迪学生的思维。"不少老教师在教学的过程中感到困惑：自己精心备课，用心教学，却出现了"离教材越来越近，而离学生越来越远"的情况。为了改变这种状况，首先，教师应自觉进行"心理换位"，经常扮演学生的角色，多用学生的眼光与心态去审视教学内容，"想学生所想，疑学生所疑，难学生之所难"。不要光讲"应该如何做"，而要多讲"为什么要这样做，我是怎样做的"。尽量把教师原始的思维活动过程还原展开，引导学生去思索，从中受到启迪。其次，教师应善于"稚化思维"，即在备课或讲课时，教师要使自己的思维降格，退到学生原有的思维水平上。面对一个问题，要有意识地产生一种陌生感、新鲜感，多从学生的思维角度、思维习惯去体验：学生是怎么想这个问题的？学生原有的知识水平是什么？要解决这一问题，学生还必须习得什么？等等，力求做到教学双方的思维活动能始终同步协同、和谐并进，达到师生思维同频共振。一些问题如果从教师的思维水平出发，一开始就会循着正确的思路进行，但给学生的启迪与印象，远不如先让教师与学生一起"做错"，然后逐步发现错误、改正错误来得深。"水至清则无鱼，人至察则无徒"。如果什么都想一开始就搞得一清二楚，到头来反而搞不清楚。有时倒不如装点儿糊涂，再与学生一起从糊涂走向清楚，那才是真正的清楚。等一等，是一种襟怀，是一种教育哲学；等一等，更是一种最高的教育智慧。

3. 大成若缺——教学时空留有余地

过量的信息会产生信息饱和，使学生厌倦学习。吴教授认为老师要注意运用"空白效应",即在教学中,不妨给学生留一些"缺口",促使学生去主动钻研思考;不妨给学生留几扇"窗口",让他们感受外面的世界是多么精彩;不妨为学生安装几个"接口",给他们的后继学习埋下伏笔。学习是基于一种成熟,就像小朋友吃饭学拿筷子,一个月前怎么也不会,一个月后自己就会了。而教师的"留白",则给了学生成熟的时间。有些学习困难是暂时的,是由学生暂时的不成熟引起的,个体机能的成熟度是有差别的,由于这种差别引起的学习困难,如果被反复强化,就会真的令学生表现为"笨"。等一等,不要急于下结论,可能是个好办法。如果我们能很好地运用"留白"这一教学策略,那么我们的课堂将会动静相生,张弛有度,个性飞扬。留白,追求的是"此时无声胜有声""不着一字,尽得风流",让学生有自我思索、自我开创、自我翱翔的空间,让学生主动探索,用自己的知识和体验去"补白",去创造,去提高。

从知识本位回归到三维目标,把属于学生的东西还给学生,将学术形态深入教育形态。这是吴教授对教育回归本真的呼吁!在教学模式百花齐放的课程改革浪潮中,把握好课改的本质,培养人格健全、体格健康的社会公民,是我们教育工作者任重道远的任务,请给孩子松松绑!

（2016年5月28日）

怀抱感恩，立志成才

一、教育目的

（1）让学生在平等的对话中体验亲情，了解父母为自己付出的艰辛，懂得感激和报答父母的养育之恩是自己的职责。

（2）让学生回报亲情，把对父母的爱付诸实际行动。

（3）让学生理解孝敬父母的具体内涵，弘扬民族的传统美德，学会如何爱自己的父母，进而把这种爱上升到对集体、对祖国的爱，使学生有一种博爱的胸襟。

二、活动准备

（1）准备节目，搜集故事，收集名言，主持人准备串词。

（2）制作相关的课件。

（3）邀请部分学生父母参加班会活动。

（4）场景设计，渲染环境，奠定情感基调。

三、活动过程

导语：国家教育部2004年颁布了《中小学开展弘扬和培育民族精神教育实施纲要》，并把每年9月定为"中小学弘扬和培育民族精神月"，要求学校抓住不同的切入点对学生进行民族精神的教育和培养，"中华民族传统美德"是其重点教育内容之一。"孝悌为先务"。"孝道"历来是中国传统道德伦理最基本的内容，也是中国传统美德中做人教育的核心内容之一。本次主题班会以感恩体验活动为基础，针对大多数学生以自我为中心，不理解父母的苦心和爱心，不懂得体谅、孝敬父母的现状而设计。

1. 宣布活动开始（背影音乐：《念亲恩》）

主持人甲：人间最美是真情。

主持人乙：人间最真是亲情。

主持人甲：人间最值得珍惜的爱莫过于父母对子女的爱。

主持人乙：人间最无私的情莫过于父母对子女的情。

主持人合：《怀抱感恩立志成才》主题班会现在开始！

2. 走近亲情

主持人甲："怀抱一颗感恩的心，争做一个成功的人。"开学以来，我们开展了丰富多彩的活动，同学们在老师的指导下，把"爱的誓言"装扮得十分精美，贴在了家中最醒目的地方，时刻督促自己做父母的好孩子。同时，同学们还通过自己灵巧的双手，精心制作了一张张感恩卡，分别送给老师和妈妈……上面写着一句句感人肺腑的话："亲爱的妈妈，您为我撑起一片蓝天，让我健康成长，我要大声向您说：妈妈，我爱您；亲爱的奶奶，以前都是您照顾我，现在，我也会像您照顾我一样来照顾您；老师是太阳，我们是小草，小草离不开太阳，我们离不开老师。"（掌声）

主持人甲：活动前，我们都曾回去收集小时候最能体现亲情的小故事，现在请同学们互相交流一下。小组选出有代表性的同学说出故事并与同学分享。（学生交流，背景音乐：《在那遥远的小山村》）

评析：通过小故事，使学生在回忆中重新忆起童年的趣事，燃起"可怜天下父母心"的人间真情，从而感受父母深深的爱。孩子的成长过程凝聚了父母无穷的爱，感人的生活场景能勾起孩子的美好回忆，真情交流使他们再次体会朴实的亲情，引起情感的共鸣。

主持人乙：没有阳光，就没有温暖；没有水源，就没有生命；没有父母，就没有我们；没有亲情、友情和爱情，世界将会一片孤独和黑暗。现在进行即席演讲："我心中的亲情。"（掌声）

三个小组的代表分别进行演讲。

评析：利用演讲，表达亲情的无私，激发学生回报亲情的动机。

主持人甲：刚才各小组真情洋溢的演讲，使同学们深深地体会到了真情的可贵、真情的力量！亲情是一种血脉相通的默契，是一种无法割裂的存在。

主持人乙：因此，酬劳不是她的目的，收获不是她的动机，她是人性闪耀的光辉。

主持人甲：多么质朴的情感啊！古今中外，有多少赞颂父母的诗词歌赋，有多少演绎亲情的故事，有多少歌颂母爱的名言。

主持人乙：让我们尽情地用歌唱、用朗诵、用故事来拥抱亲情吧！

学生自由地歌唱或朗诵赞美父爱、母爱的歌曲和诗文，讲述古今中外关爱父母的故事；课件展示关爱父母、孝敬父母的名言警句。

评析：学生需要在课前查找资料、收集相关材料、讲述故事，在准备过程中就受到了润物无声的教育，榜样的力量是伟大的。

3. 碰击亲情

课件出示；《妈妈再爱一次》的电影片段。

主持人乙：家，是我们踏进人生的起点。

主持人甲：家，也是我们在受到挫折时，给我们温暖的驿站。

主持人乙：家，还是我们获得成功时，提醒我们戒骄戒躁的航标。

主持人合：这一切美妙的感觉，全是因为家里有了爸爸、妈妈。

主持人甲：美妙的感觉时时有，可牙齿与舌头也有打架的时候，同学们与自己的爸爸、妈妈也有不愉快的时候吧，下面请大家想一想自己与父母间发生的不愉快的事情。想好的请举手。（抽四五名学生，每人发言控制在两分钟）

同学A说自己因为压岁钱与妈妈争吵。

同学B说自己因为上网的时间安排与父母争吵。

同学C说自己因为选择看怎样的书与父母闹僵。

同学D说自己因为书桌杂乱而与妈妈闹矛盾。

同学E说自己放学后因为看电视与父母闹矛盾。

主持人甲：听了以上几位同学讲述自己与爸爸、妈妈之间发生的不愉快的事，我觉得这样的事情应该还有很多，难道我们的爸爸妈妈不爱我们吗？面对同学们的这些困惑，还是让我们来听听父母们怎么说吧。下面我们请两位家长来说一说。

同学B和同学C的家长上台讲述各自对孩子的心声！（掌声）

主持人乙：我们的生活，父母总是牢牢牵挂，我们又对这些关爱自己的长辈了解多少呢？今天我们请到场的几位同学的妈妈和孩子共同上台做个游戏；测试一下对对方的了解程度。请到场的爸爸做评委。（互相猜对方最爱吃的菜、最爱穿的衣服；母子共同写自己的爱好和习惯，检验默契度）

主持人甲：其实啊，造成父母与子女之间不愉快的原因多半是缺少对话，缺少沟通。我们应学会换位思考，想象自己是父母，体会父母的付出，这样我们就会和父母"心有灵犀一点通"了。

评析：让学生亲自去体验，去实践，让学生在实践的体验中体会父母辛苦生育和抚养的无私付出，感受父母培育我们成长的不易，激发回报父母的情感。

4. 回报亲情

主持人乙：妈妈，多么亲切的字眼。

主持人甲：爸爸，多么诚挚的称呼。

主持人乙：他们在生活上关心、体贴我们。

主持人甲：他们在学习上督促、指导我们。

主持人乙：他们不仅教我们做事。

主持人甲：他们还常常教我们怎样做人。

主持人合：让我们学会感激他们，让我们学会对父母感恩。

主持人甲：从父母那儿，我们索取了许多许多，物质上的，精神上的，谁能说得清？对他们的养育之恩，我们回报了多少？

主持人乙："谁言寸草心，报得三春晖"，让我们用一首诗来报答母亲对我们的养育之恩吧。

全班朗诵《游子吟》。（背景音乐：《懂你》学生真情流露）。

主持人乙：有了泥土，嫩芽才会长大。

主持人甲：有了阳光，花儿才会盛开。

主持人合：亲爱的长辈们——你们就是泥土，你们就是阳光。

主持人甲：今天，你们播撒绿色的希望。

主持人乙：今天，我们孕育金色的理想。

主持人合：明天，你们会看到枝头的硕果！明天，我们会成为社会栋梁！明天啊，我们会把沉甸甸的爱洒满人间。

主持人甲：其实，我们今天能够幸福地成长，是因为我们还有一个共同的妈妈。

主持人乙：2008北京奥运，神六飞天，祖国统一！她也期待我们健康成长，成为新世纪的小主人。大家猜猜，这个我们共同的妈妈是谁？她叫什么名字？

学生齐答：中国。

主持人甲：对！值得我们骄傲的中华人民共和国，她是我们亲爱的妈妈，永远的妈妈。

主持人乙：为了妈妈的微笑，为了祖国的繁荣富强，同学们，让我们每个人都奉献出一点儿爱，让世界变成美好的人间。（教师与两三名学生到台上领唱，齐唱《爱的奉献》，下面所有学生在第一段后齐唱，孩子挽着家长的手到台上跟着唱起来）

主持人合：（歌声快结束时）体验亲情，学会感恩，回报父母，立志成才。《怀抱感恩立志成才》主题班会到此结束。

评析：积累是亲情书写它独特魅力的过程。利用讨论使学生明白：积累亲情并不在于轰轰烈烈地做什么大事，回报父母最重要的是要有一种正确的态度，要有一颗孝心；关爱父母要体现在平时的一言一行、点点滴滴中。从现在做起，从小事做起，从小处做起，培养爱心，爱我们的父母，爱我们身边的人，爱我们的祖国。

四、课后思考

当前社会，家长普遍对独生子女溺爱，再加上"再穷不能穷孩子"的传统教育观念，致使孩子不知道"一粥一饭来之不易"的道理，有的孩子更不体谅父母的艰辛，哪怕父母节衣缩食供孩子上学，也被孩子认为理所当然。鸦有反哺之义，羊有跪乳之恩，如果我们的孩子根本没有感恩意识，这就丧失了做人最起码的道德。

这些现象都反映出学校教育的漏洞，反映出我们的德育工作的欠缺和不足。因此，我们把"深入开展感恩教育，引导学生学会感恩"作为学校德育工作的一个新主题，深入开展感恩教育，以提升学生的道德素质。

在实施感恩教育的过程中，我以活动为载体，通过形式多样的活动引导学生从感受最深的身边人、身边事开始，学会感激父母，感激父母给我们生命，感激父母养育了我们；学会感激老师，感激老师为我们导航，感激老师培育我们。从感激父母、老师开始，由近及远，由浅入深，再引导学会感激他人，感激社会，感激一切为自己的健康成长付出心血和汗水、提供服务和帮助的人。

随着感恩教育的深入开展，学生认识到在自己的成长道路上，得到的帮助太多了，需要感激的人和事也太多了，纷纷表示现在要努力学习，用优异的学习成绩报答父母的恩德，报答老师的培育，报答所有关心自己的人，将来要积极为他人做好事，为社会做贡献。由此，学生的思想境界开阔了，道德素养提升了，精神面貌发生了很大的变化，学习态度更端正了，学习劲头更大了。

我们相信，通过感恩教育，这些学会感激、经常心怀感激的莘莘学子，在人生道路上迈出的脚步将会更加坚实。

（该教学设计于2007年6月获中国教育教学研究会主办的"2007中国教育系统优秀教案全国评选活动二等奖"）

让爱心与赏识同行

——育人案例分析

　　陈志彬，一个脸型修长，个子较矮的男孩。

　　记得刚接过这个班不久，原来的班主任就和我说，这个男孩子是个令人头痛的主儿：无心向学，成绩差，不时还会搞点儿事出来。

　　是的，毋庸讳言，这孩子对学习确实很不上心，因为从前基础没打好，习惯没养成，日积月累已经形成了顽疾：上课，要么是自己天马行空地出神，要么是将下颌搁在桌子上发呆。作业的完成质量也很一般：字迹潦草马虎，练习题空白处多，不愿意花时间去思考完成。不论我找他到办公室与他面对面坐下来推心置腹地交谈，还是课余有意无意旁敲侧击地提醒，抑或是在课上表扬、批评，他都没多大改变。我该怎么办呢？

　　苏霍姆林斯基曾说过："我们所教育的对象的心灵，绝不是一块不毛之地，而是一片已经生长着美好思想道德萌芽的肥沃的田地。因此，教师的责任首先在于发现并扶正学生心灵土壤中的每一株幼苗，让它不断壮大，最后排挤掉自己缺点儿的杂草。"嗯，对！我要相信孩子，我要如中国成功教育学会会长李诚忠教授说的那样："凡事皆有因，错误都有理由。"我要让眼更亮，让心更细，发现他的闪光点，采用科学的方法来改变他！

　　还真别说，通过一段时间的课间观察，我发觉这个小家伙虽然学习成绩不理想，但其实是个很不错的孩子：头脑灵活，反应敏捷，社交能力强，和同学相处得特别愉快，待人有礼貌，并且乐于帮助同学。

　　一天傍晚放学后，班里有个同学说自行车钥匙不见了，怎么都没找着，眼见天色已晚，小姑娘都急得快哭出来了。其他同学也束手无策，于是跑到办公室来找我。正当我准备过去一探究竟的时候，这小鬼却已经跟一位负责后勤的老师借来了钳子、扳手等工具，然后和几个同学分工合作，帮女同学把车锁取了下来，第二天找到钥匙后又帮女同学把锁装了回去——多么可爱、机灵的小男孩啊！

当我如实地把这件事的前前后后描述给全班同学听后，好多同学都对他投去了赞许的目光。他呢，什么也没说，脸上也好像没什么特别的表情，但是接下来的几个星期，他上课能比较认真地听讲，能举手发言；作业的正确率虽然不理想，但能较认真地书写和完成；对待考试的态度也比较正确了，虽然成绩不怎么样，但总算是能认真完成了。因为他的认真和积极，还两次被评为"小组贡献星"呢！

可惜，好景不长，三个星期后他又出问题了。

有一天他没来学校，打电话到他家得知他躲在家，说是他不想上学了。后来他妈妈特意从工厂回来押着他，他才来到学校。

看着坐在我对面这个颓丧的小男孩，我不由得想到他的家庭状况：爸爸在外谋生，偶尔才回来看看。平时跟他也没多少联系，更别说不时的电话联络了。妈妈在一个小型的私人手工作坊上班。对于这个儿子，她想管理却又无力管理。他变成今天这个样子，和家庭情况有着深深的联系。想到这里，看着他的眼光不由得变得疼惜，心也软了下来。

我轻声说："阿彬，你觉得自己这样做对吗？我还非常清楚地记得你妈妈上周六来开家长会时的情景——她没有说一句话，几乎没有抬起头来和老师对视过，还有，她一直都是坐在凳子的边缘，如坐针毡似的，恨不得会议尽快结束。阿彬，你知道妈妈为什么会这样吗？"他没说话，把头扭向了一边。

"志彬，我们来学校除了学习知识，我想更多的是要学习做人做事。你想想，你现在对学习的态度，有些科目对于你来说可能太过吃力，但是你想过解决问题的办法吗？你尽力去做了吗？我不喜欢你对待事情的态度。做得好不好是能力问题，可做不做是态度问题啊！……最后我想问问你，你有没有站在妈妈的角度想过呢？"他依旧不吱声，但是忍不住地用手不停地擦眼睛。他，流泪了！

作为一个男孩子，他，流泪了！是我动之以情、晓之以理的话触及了他内心深处不为人知的伤心处：自尊的心因为糟糕的基础让自己的自信无以成型；小男子汉的自傲又因为自己学习成绩的落后，让自己的母亲在家长会上"脸面尽失"而备受折磨，这一切都是自己的不上进造成的。"泪"是自己的"忏悔"，是对老师殷切希望的感激。我很欣慰我的话能起到直击志彬内心的效应，在接下来的学习中，他真的发生了前所未有的变化。

在老师和同学们的帮助下，志彬慢慢地认识到了自己的不足，开始认真面对自己的学习，由于他的社交能力强，和同学们相处愉快，向同学们请教时，同学们都愿意帮助他。在班里的各项活动中，我充分地信任他、赏识他，只要他稍有点儿进步，就及时地表扬他，大大增强了他的自信心。经过一段时间的努力，他各方面都取得了不小进步，学习积极性提高了，成绩也有了很大的进步。我感到由衷地高兴。我们的孩子需要用爱心和耐心去感化，让爱与赏识同行，就可以收到事半功倍的教育效果。

南京师大道德教育研究所名誉所长鲁洁教授曾说："德育就是育德，是培育高尚道德情操的工作。"德育就是要用"爱"的浪花推动青少年前进的风帆，用"善"的乳汁润滑青少年生命前进的车轮，用"美"的春雨清洁青少年飞翔的双翼，用"真"的阳光照耀青少年生命成长的大道。

这个教育故事使我深刻地认识到，爱心与赏识是实现成功转化的两大支柱。

1. 奉献爱心，增其自信

我国近代教育家夏丏尊也说过："教育之没有情感，没有爱，如同池塘没有水一样。没有水，就不能称其为池塘；没有爱，就没有教育。"作为一名班主任，要搞好教育工作，首先要有一颗赤诚的爱心，用爱的甘露滋润孩子们的心田，用爱心点燃一颗颗纯洁的灵魂。对于那些学困生，特别是留守的学困生，教师应给他们更多的爱，经常鼓励、帮助、督促他们，让他们逐渐增强自信心。

2. 运用赏识，促其发展

每个学生身上都有优缺点，学困生也并非一无是处，对于学困生身上表现出来的哪怕是很微弱的闪光点、很微小的进步，我们教师也要及时予以引导肯定：尽量挖掘其闪光点，努力用赞美满足他们的心理需求，使他们产生欣慰、幸福的内心体验，增强荣誉感、自信心、上进心，提高学习的兴趣与内在的动力。当一个孩子对学习有了兴趣与动力，他的进步就变得轻松、容易多了。爱心与赏识，转变了陈志彬同学，也给我这个班主任带来了无限的欣慰与快乐！

同时，通过这个案例，我也在深深地反思。

这是一个在教学过程中常见的问题。作为老师，我们首先应该调动孩子自身的积极性、能动性，发现他的优点，发挥他的长处。他学习不好，但他有其他特长。可以让他当当干部，通过强调干部的带头模范作用，激发他的兴趣和责任意识。另外，学生不勤于思考，也得从老师自身开始反省，老师的课是否生动有趣，是否吸引学生眼球，是否激发学生思考；学生不完成作业，是不是教师布置作业太多太难，可以针对不同学生的学习状况布置有梯度、有选择、有代表性的作业。还有，学校教育和家庭教育方面，班主任应和家长有良好的沟通，和家长协作监督引导学生养成良好习惯，从而达到学校、家庭、社会三位一体共管互补的教育效果。

我愿为此不忘初心，努力前行！

（2017年10月28日）

3 >>

研究报告

第三篇

"小学数学教师有效课堂教学策略的研究与实践"课题研究报告

一、课题的提出

1. 现代数学教育应对时代挑战的需要

现代科学技术的发展，数学的作用越来越突出，有专家深刻指出："高技术本质上是数学技术""数学是核心技术""数学：关键技术的关键。"面对数学的广泛深入应用，人们越来越深刻地认识到，数学教育的目的是使学生学会运用数学，数学学习最重要的成果就是学会建立数学模型，用以解决实际问题。然而，在我们的数学教育中，数学成了封闭的系统，成了固定的逻辑联系。不是数学成为人的工具，而是数学教育使人成了数学的工具，成了解题的工具。因此，面对科学技术的迅速发展，面对需要每个人发挥创造力的现实社会，我们只有改进数学课堂教学策略，才能使数学教育适应学习化社会的需要，也才能为培养学生终身学习的能力做出积极地反映。

2. 新课改对数学课堂教学提出的要求

进行新课程背景下的小学数学课堂教学改革，必然要涉及两个方面：教学观念的改变和教学策略的更新。数学教学观是数学教师关于数学教学的本质及学生数学学习认识过程的一种认识。新课程标准指出：数学教学是数学活动的教学，是师生之间、学生之间交往互动与共同发展的过程。数学活动必须建立在学生的认知发展水平和已有的知识经验基础之上。教师应激发学生的学习积极性，为学生提供充分从事数学活动的机会，帮助他们在自主探索和合作交流的过程中真正理解和掌握基本的数学知识与技能、数学思想和方法，获得广泛的数学活动经验。学生是数学学习的主人，教师是数学学习的组织者、引导者与合作者。

3. 我校教师要求改变数学课堂教学现状的迫切希望

纵观小学数学课堂教学现状，依然存在以下几个主要弊端：①重"教"轻"学"；②重结果，轻过程；③重知识掌握，轻探究能力；④重智力因素，轻非智力因素。面对陈旧的课堂教学模式，面对新课程改革的发展趋势，我校教师都迫切希望改变如今的课堂教学现状，提升教育教学能力，从而促进学生创新精神及探究能力的整体提高，促进学生全面、持续、和谐地发展。

综上所述，开展小学数学教师有效课堂教学策略的实践与研究，能促使教师从教育教学工作的实际出发，从学生的实际出发，揭示提高有效课堂教学策略的途径和方法，改变以往陈旧的课堂教学方法，从而引起学生学习方式的改变，这对于提高课改的实效性、提升教师自身的素质，以及促进学校发展都具有重要的实践意义。

二、课题的界定

教学按师生关系的角度来说，有两种观点，一种认为教学是教师的活动，目的在于引起学生的活动；另一种认为教学是师生双方的交互作用，是师生双方的矛盾和依赖的过程。我们认为，教学是由教师引起的、学生主动学习的师生双方的交互过程。

有效教学：有效教学是为了提高教师的工作效益、强化过程评价和目标管理的一种现代教学理念。有效教学：一是关注学生的进步或发展；二是关注教学效益；三是更多地关注可测性或量化；四是需要教师具备一种反思的意识；五是有效教学也是一套策略。

数学有效课堂教学策略——课程标准指出：数学教学活动必须建立在学生的认知发展水平和已有的知识经验基础之上。教师应激发学生的学习积极性，为学生提供充分从事数学活动的机会，帮助他们在自主探索和合作交流的过程中真正理解和掌握基本的数学知识与技能、数学思想和方法，获得广泛的数学活动经验。有效性教学必须为实现这个理念服务，教师为了实现这个理念应采取相应有效的教学措施。

三、课题研究的主要目标

（1）通过研究，在数学课堂教学活动中形成一套行之有效的教学策略，指导教学，服务教学。

（2）通过研究，使教师转变教学理念，树立有效教学的理念，自觉地在教学中实施有效课堂教学策略，不断提高教学水平，提高教师的自我反思能力和数学教学研究能力。

（3）通过研究，减轻学生过重课业负担，提高数学教学质量，促进学生的全面发展。

（4）通过研究，完善教学教研制度，促使新课程改革在学校的进一步深入实施，提高课程改革的质量。

四、课题研究的内容

课题"小学数学教师有效课堂教学策略的实践与研究"的研究内容主要体现在"一线六点"上，其主要是指以教师的备课策略、上课策略、评价策略为主线，通过对兴趣、评价、体验、合作、情境、探究等课堂教学策略进行研究，从而使学生获得具体的进步或发展，提高课堂教学效益。在日常的数学教学活动中，有效课堂教学策略包括以下几个方面：

1. 备课策略

（1）备教材要"懂、透、化"。

（2）备学生要"实"。

（3）提问过程要突出学生主体。

2. 上课策略

（1）给学生提供动手实践的机会，变"听数学"为"做数学"。

（2）自主探索与合作交流从形式走向实质。

（3）捕捉生活现象，引入数学问题。

（4）贴近学生实际，探索数学问题。

（5）运用数学知识，解决生活问题。

3. 评价策略

（1）激发学生的学习情绪。

（2）让学生体验成功的喜悦。

（3）激励学生热爱生活中的数学，让学生在参与中体验，在活动中发展。

五、研究方法和措施

1. 研究方法

（1）调查法：对课堂教学现状进行调查、分析、研究，建立课题实验的现实基础。

（2）文献法：查找已有的与有效教学策略相关的文献、资料、成果，进行验证和实践。

（3）行动研究法：以教师为研究主体，通过教师的教学实验、反思、总结，再进行实验、反思、总结，去芜存精，取得预期成果。

（4）经验总结法：运用经验总结法来构建开放的、多元化的、有效的课堂实施策略，并推出一批有推广价值的实施方案和经验。

（5）案例分析法：通过对案例的分析来构建具有本学科特色的提高课堂教学有效性的方法和策略，并探索出有价值的研究经验。

2. 研究的操作措施

（1）加强理论学习，转变教学理念，形成有效教学的新理念。

（2）行动+反思，在实践中探索，在反思中提高。

（3）完善教学教研制度，使每位数学教师都能自觉进行教学研究。

（4）通过典型教例研究，获得相关经验。

六、课题研究的步骤

1. 准备阶段（2006年9月—2007年3月）

培训实验教师，收集资料，制订方案，调查、分析课改实验年级课堂教学现状。

2. 实施阶段（一）（2007年4月—2008年3月）

完成实验的目标体系研究及操作策略研究，实验班级学生探究性、自主性、研究性学习能力得到提高。

3. 实施阶段（二）（2008年4月—2009年3月）

构建小学数学有效课堂教学的模式，形成有效课堂教学评估方案，实验班级学生的创新能力和实践能力得到显著提高。

4. 总结阶段（2009年4月—2009年12月）

整理课题相关材料，编辑出版有关论文及教学设计。

七、课题研究成果

根据新课程观念，教师的教学策略将以备课策略、上课策略、评价策略为主线，通过对兴趣、评价、体验、合作、情境、探究等课堂教学策略的实施，使教师由重知识传授向重学生发展转变，由重教师"教"向重学生"学"转变，由重结果向重过程转变，由统一规格教育向差异性教育转变。经过相关理论知识的学习和大家的教学感受，课题组构建细分了以下几点有效课堂教学的基本策略。

（一）备课策略

备课策略即有效提问的教学策略。

有效提问是相对"低效提问"和"无效提问"而提出来的。所谓"有效"，《现代汉语词典》对其解释："能实现预期目的；有效果。""有效提问"，意味着教师提出的问题能够引起学生的回应或回答，且这种回应或回答能让学生更积极地参与学习，由此获得具体的进步和发展。

有效提问包含两个层面的含义：一是有效的问题；二是有效的提问策略。为了达到"教学过程最优化"，充分体现课堂提问的科学性与有效性，我们在实践中应注意以下几点：

1. 备教材要"懂、透、化"

这一点是绝大多数老师都知道的，能否真正做到"深入"，却是我们每个老师需要反思的。我认为，对教材的研究，要达到"懂、透、化"的目标。

"懂"，就是要理解教材，只有理解了教材，我们才能分清哪些问题是基础性的问题，我们就可以用"是什么""怎么样"来提问；哪些问题是拓展性问题，我们就可以用"你是怎么想的"来提问；哪些问题是探究性问题，有必要让学生讨论、探究。

"透"，就是要掌握教材的系统性、重点和难点，做到透彻掌握，融会贯通。

"化"，就是要使自己不仅能够站在教师的角度，而且能够站在学生的角度去体会、感受学生的学。只有做到这样，教师才能游刃有余地提出问题引导学生思考，才能更大限度地提高教学质量。

2. 备学生要"实"

我们常说，"我们教师备课，不仅要备教材、备教法，而且要备学生、备学法"。

所谓"实"，是指教师必须深入实际，了解自己所教学生的基础知识、接受能力、思维习惯以及学习中的困难和问题等。只有真正了解了学生，才能有针对性地提问，恰当地把握问题的难易度，使得提问更加有效。

比如，我在执教五年级数学第十册"可能性"一课时，针对可能性有大有小这一知识点，想在课堂教学中加入一些生活中常用的成语，这些成语能够巧妙地体现可能性的大小。第一次试讲，本以为很简单的成语，很多学生竟然没有听说过，更别说联系数学内容了。下课后，我及时反思自己，找来一部分学生和他们聊天，了解他们对成语的认识和掌握情况。最后，我根据学生的情况，调整了要提问的成语内容。再上课时，学生很顺利地解释了成语的内容，同时紧密联系了课上所学的内容。课下，不少学生都对这一环节印象深刻，追着老师想要再说说。

3. 提问过程要突出学生主体

思维来自疑问。一般教师只看到让学生解答疑难是对学生的一种训练，其实，应答还是被动的。要求学生自己提出疑问，自己发掘问题，是一种更高要求的训练。教师在设疑时应设法让学生在疑的基础上再生疑，然后鼓励、引导他们去质疑、解疑。从而提高学生发现问题、分析问题、解决问题的能力。

在实际教学中，我们经常会很自然地问一问学生："还有什么问题吗？"学生也往往很配合地回答："没问题。"如果总是"没问题"，那这一现象就极不正常了，恐怕就真的"有问题"了。对任何一个数学问题的认识，永远都不可能出现所有的人始终保持在同一个水平这种情况，必然有高有低，有学得轻松的，也有学得困难的。也就是说，应该"有问题"。

"没问题"的问题，反映了教师的一种教育观念，似乎只有顺利上完的一节课才是好课。其实不然，课上的这种"顺利"，只会培养出唯书唯上的人，不利于学生创造性思维的发展；课上的这种"顺利"也会使学生缺少一种精神，一种实事求是、刨根问底的精神。

那么，如何解决这一问题呢？

（1）改变观念，树立"问题"意识。教师要清楚地认识到：数学修养很重要的一点就是问题意识。因此，培养学生敢于提问题、善于提问题的习惯和能力，是数学教师肩负的责任之一，也是评价数学教学质量的标准之一。

（2）为学生创造机会，使学生去思、去想、去问。教师不仅要在每节课堂上创造质疑机会，还要使学生真正开动脑筋想问题，能提出有价值的问题或自己不懂的问题。把这一时间真正利用起来，而不是走走过场而已。为了使学生会提问题，教师可以有意识地进行一些训练，可以站在学生的立场上，以学生的身份去示范提问题。比如，二年级教材学习了"角的认识"，对于什么叫角，角各部分名称，"角的大小与边的长短无关"这些内容，学生已经知道了。"还有什么问题吗？"学生答道"没问题"。真的没问题了吗？"那我来问个问题。"我提出了一个问题："角的大小为什么与边的长短无关呢？"经过讨论，大家明白了，角的边是射线，射线是没有长短的，所以，角的大小与边的长短无关。角的大小决定于两条边张开的程度。教师从学生的角度示范提问题，久而久之，也就让学生有了提问题的意识，引导学生提问题的同时，也培养了学生积极思考问题和解决问题的能力。

（二）上课策略

1. 活动教学的策略

新课标提出数学教学是数学活动的教学，而数学活动应是学生自己建构知识的活动。因此，教师要从"以学论教"的理念出发，精心设计数学活动，让学生"在参与中体验，在活动中发展"，真正体现以学生主体实践活动为基础的有效课堂教学。

（1）给学生提供动手实践的机会，变"听数学"为"做数学"。学生对数学的体验主要是通过动手操作，动手操作能促进学生在"做数学"的过程中对所学知识产生深刻的体验，从中感悟并理解新知识的形成和发展，体会数学学习的过程与方法，获得数学活动的经验。它是学生参与数学活动的重要方式。新教材非常注重学生操作活动的设计并提供了大量的素材，教师要从"生动的直观到抽象的思维"的认识规律来设计、组织操作活动，并担当好组织者和引导者的角色。首先，不能让操作流于形式，要让所有学生都必须经历每一个操作活动。其次，引导学生把直观形象与抽象概括相结合，采取边说边操作、边讨论边操作等方式，让学生手、脑、口并用，在操作和直观教学的基础上及时对概念、规律等的本质属性进行抽象概括。

（2）自主探索与合作交流从形式走向实质。学生的学习过程从某种意义上说，是对人类社会文明发展过程中的一种认识意义上的重演。让学生踏着前人的足迹部分地重新发现他们学习的内容，对于学生的发展具有多方面的意义。教师要有目的地选择这些重演或再现的教学内容，给学生提供自主探索的空间和时间，让学生主动地进行观察、实验、猜测、验证等数学活动。自主探索是在教师引导下的探索，教师不仅要精心设计自主探索的情境，而且要关注学生探索的过程和方法。学之道在于"悟"，教之道在于"度"，教师要处理好自主与引导、放与收、过程与结果之间的辩证关系。对于那些估计学生通过努力能探索求得解决的问题，应大胆地放，放得真心、实在，收要收得及时、自然。如果只放不收，只是表面上的热闹，收效甚微。如果失去教师有价值的引导，学生的主体性也不会得到充分的发挥。要真正实现学生之间的合作，首先要让学生掌握一定的合作技能，这是进行合作学习的前提条件。学生合作的技能包括：学会倾听；愿意并能恰当地表达自己的观点；学会欣赏别人的优点，又能够适度宽容别人的不足等。合作学习的技能并不是一朝一夕就能掌握的，它需要长期培养，是一个循序渐进的过程。比如，善于倾听是一项重要的合作技能，从一年级起，就应把培养学生善于倾听的能力作为一项特殊的教学内容常抓不懈。一年级学生年龄小，表现欲特强，倾向于"我要说"而不是"我要听"，很难坚持在四人或更多人的小组内坚持听完每个人的述说。因此，一年级上学期，一般是让同桌的两个说想法，互听对方的观点。教学时，教师首先跟学生交代明白：当别人发言时，要认真地听，眼睛看着对方，不东张西望，先听别人说完后自己再说，不打断别人的发言等。这样，经过一学期的训练，学生已基本能静静地听完其他同学的述说，然后再表达自己的观点。在这种情况下，再重新组建四人小组，这样培养他们善于倾听的能力，就会水到渠成。

具备了合作学习的技能，就可以进行小组学习了。首先，将学生按照"组内异质，组间同质"的原则进行分组。为了在小组学习中避免"学优生一言堂"的组内成员间的不平衡现象，要先明确小组合作学习中每个成员的职责，进行一定的分工，如在教学10的加、减法时，陈美红老师是这样做的：她让学生以四人为一小组，每小组分10个苹果形图片，放手让学生先把10个苹果形图片分成两堆，再根据分的情况写出两道加法算式和两道减法算式，并比一比哪组分的方法最多，写的算式最多。角色分工：1号为组织者；2号同学分图片，进行操作活动；3号同学负责记录；4号汇报。由于已经有前面1-9的加减法基础，又有色彩鲜明的学具，学生的积极性高，小组也会分工协作，有的分，有的说，有的写。再根据学生记录的情况进行汇报展示。学生有的按顺序分，有的没按顺序分。这时再因势利导，让学生观察比较，哪种分法更好，为什么？学生不仅自主探索学会了10的加减法，而且在学习的过程中，学生明确了自己的责任，学习的热情高，不但体现了集体共性，而且也能体现学生的个性和自我价值，有效地激发了学生学习的兴趣，增强了合作意识。值得一提的是，这种组内分工还必须进行角色轮流交换，一定时期内互换一次角色，使每个学生都能从不同的角色位置上得到体验，得到锻炼和提高，为全体学生的全面发展奠定基础。

2. 创设生活化的学习情境的策略

数学知识源于生活，生活中处处有数学。小学生学习的数学应该是生活中的数学，应该学习他们"自己的数学"。《全日制义务教育数学课程标准（实验稿）》中指出："学生要能够体会数学与自然及人类社会的密切联系，了解数学的价值，增强对数学的理解和学好数学的信心。"所以，我们要认真开展数学生活化学习，构建更开放的数学学习平台，使学生有更多的机会从周围熟悉的事物中寻找数学题材，让学生联系生活实际学习数学、理解数学、应用数学，体会到数学就在他们身边，感受数学的作用，体会到数学的魅力。

（1）捕捉生活现象，引入数学问题。小学生的学习带有浓厚的情绪色彩，对熟悉的生活情境感到亲切有兴趣，我们就从他们的生活中提取数学知识、法则、概念等，使他们感受今天在课堂中学习的知识正是来自生活之中，从而使进入学习的一开始就感到数学的价值，激发起学习数学的兴趣。例如，学习"小数加减法的计算"，黎规玩教师课前安排学生到附近超市帮助家长购物的活动，并让同学们把购物小票带到课堂，向同伴介绍购买的商品，同时提出问题请大家合作解决。例如，"一支钢笔和一个笔记本共用多少钱？""一支牙膏比一块香皂少多少钱？"还有的同学提出请同学们帮忙验证一下售货员阿姨所找的钱数是否正确。这些问题来自生活中，又都涉及小数加、减法计算的法则。购物实践活动，使学生对学习材料产生了兴趣，数学法则不再是令人生畏的抽象概念，数学知识就在孩子们熟悉的生活中。身边的数学问题引起学生的探索兴趣，孩子们在亲身经历的数学知识形成的过程中实实在在地感受了数学的应用价值。

（2）贴近学生实际，探索数学问题。为了让学生更好地理解数学，学会学习数学，我们要把数学课堂教学建立在学生已有的知识生活经验基础上，寓数学知识于学生喜闻乐见的活动中，从学生平时生活中看得见、摸得着的事物开始，积极创设学生熟悉的生活情境，促使学生以积极的心态投入不断地提出问题、思考问题、探索问题当中。例如，肖秋敏老师在教学"按比例分配"时，课前她让学生去调查生活中某些物体各组成部分的比，并让每个同学都去茶馆调查一下奶茶中奶和茶的比。课始，当学生汇报了奶和茶的比是2∶9之后，先让学生说一说"从奶和茶的比是2∶9中你可以得到什么信息"。接着，教师向学生提出了一个富有挑战性的问题："同学们喜欢喝奶茶吗？今天老师特意带来了一杯红茶、一杯牛奶。假定我们要配制220毫升的奶茶，请大家帮助算一算，奶取多少毫升？茶取多少毫升？"同学们听说要配制奶茶，课堂气氛十分活跃，不一会儿，令人惊喜的不同答案出现在老师面前。为了让学生进一步体验探索成功的喜悦，最后，肖老师还请两名学生当场配制奶茶，师生共同品尝了奶茶。从上述例子可看出，真实生活情境的创设拉近了学生与数学的距离，学生在自己生活经验的基础上学数学、用数学，在探索问题的解决过程中发挥了聪明才智，促进了学生创新精神和实践能力的发展。

（3）运用数学知识，解决生活问题。学以致用是数学教学的一个基本原则。《数学课程标准》中也明确指出："教师应该充分利用学生已有的生活经验，引导学生把所学的数学知识应用到现实中，以体会数学在现实生活中的应用价值。"因此，在数学生活化的学习过程中，教师要注重引导学生领悟数学"源于生活，又用于生活"的道理，有些数学知识完全可以让学生在生活实践中感知，学会从生活实践解决数学问题。例如，李淑媚老师在教学"长方形和正方形的面积"时，创设了这样一个情境：有一间长5米、宽4米的客厅，妈妈准备花800元铺地砖。你和父母一起去商店挑选材料。其中有三种规格的地砖：

甲种：边长为50厘米的正方形地砖，每块9元。

乙种：边长为50厘米的正方形地砖，每块7元。

丙种：边长为40厘米的正方形地砖，每块8元。

你能为你父母做参谋，买到适合你家的地砖吗？

买地砖，关键是要搞清楚所买的地砖应符合下列条件：（1）价格适中，总价在800元以内。（2）质量较好。那么，究竟哪一种地砖符合条件呢？只有尽快地算一算才能知道。首先，算出家里铺甲、乙、丙三种地砖分别需要几块：用房间面积除以甲（乙或丙）的地砖面积。再分别算出铺三种地砖所需费用，分别为720元、560元、1000元。最后通过比较知道，丙种价格太贵，甲、乙规格相同，价格均在800元以内，但乙的价钱太便宜，可能质量不够好，所以选择甲种地砖最合适。上述例子，将学生所学的知识返回到日常生活中，又从生活实践中弥补课本上学不到的知识，自然满足了学生的求知欲，同时让学生在生活实践中学会解决数学问题。

（三）评价策略

评价策略主要指激励评价的策略。

新课标指出："评价的主要目的是为了全面了解学生的数学学习历程，激励学生的学习和改进教师的教学。"课堂教学中实施及时、适度、多样的评价，既能激励学生的学习热情，促进学生的全面发展，同时教师可以通过评价所提供的大量信息，适时调整教学过程。

1. 课堂教学中，教师每时每刻都在通过语言、手势、表情、神态等对学生进行评价

新课程评价改革的方向是多角度地评价、观察和接纳学生，寻找和发现学生身上的闪光点，发现并发展学生的潜能。教学中教师要为不同的学生提供不同的展示自己的机会，并及时地、有针对性地做出恰当评价，使学生体验成功，建立自信。尤其当学生的智慧火花闪现时，教师应给予充分的肯定。

2. 课堂教学中对学生的评价

不仅要注重结果，更要重视学生学习的过程，解决问题的思考过程，关注学生的参与度及合作交流的意识与情感、态度的发展。

3. 采取措施引导学生进行自我评价和对他人评价

通过自我评价，能够提高学生的积极性和主动性，更重要的是自我评价能够促进学生对学习进行反思，培养学生的自我发展、自我成长的能力。而对他人的评价过程也是学习和交流的过程，学生能从中认识到自己的优势和不足，更全面地认识自我。

4. 激励性评价要注意"度"

激励不在于一味地表扬和"藏拙"。太多的表扬和超值的嘉奖不利于学生的自我评价，长期下去，学生也许会迷失自我。要注意善待学生的错误，教师要善于发现其可取之处给予鼓励，不可损伤学生的自尊心与自信心。同时，通过教师或学生的交流指出其不足，不要为表扬而表扬，以免迁就错误而产生误导。

以上各种策略的目的是引发学生的有效学习，也就是所说的课堂有效教学的策略。教师应该明白，有效教学策略的实施过程实际上是一个创造性的过程，是一个研究的过程，也是教师自身发展最好的、基本的渠道。

八、成果形式

（1）阶段小结一篇，课题中期实验报告一篇，课题结题报告一篇。

（2）教学案例、教案数篇。

（3）围绕本课题组研究内容，教师对典型案例进行反思，写教学反思数篇。

（4）平时的集中学习要有书面记录（如学习文章摘要、集体备课记录、听课、评课记录等）。

（5）各课题组成员在课题研究阶段，围绕研究内容收集的相关理论文章或自己撰写的论文，教学随笔等。

（6）各级各类活动中的获奖论文、发表文章、优秀教学设计、赛课获奖等原件或证书复印件。

（7）师生调查问卷各一份，调查报告一篇。

九、课题研究需进一步探讨的问题

小学数学教师有效课堂教学策略的实践与研究经过一个阶段的实际运作，我们已经取得初步成效，但作为一项具有较强的操作性与实效性的课题项目，还要进行扎实的后续研究，以下几方面是今后还需要着力解决的问题：

（1）课题研究过程中部分教学案例的设计表现出过于程式化、形式化的倾向。

（2）有效教学的策略侧重于对情境教学、小组合作学习等教学方法进行非常深入的探索，但是对教学内容的特点兼顾不够，年轻教师对教材的把握还不到位。

（3）如何让老师和学生在课堂上学会提问，是我们今后需要进一步研究的重点。

十、课题研究的结论及推广

通过课题研究过程所产生的示范和辐射，有助于我校全体教师认识课程标准所提倡的教育理念的育人价值，逐步改变落后的教学观念和教学方式，学习和掌握使用新教材的教学技能，提高实施课程标准和使用新教材的水平，改善我校当前数学教学状况，提高数学教学的效益。

（2009年11月10日）

"农村学校校本教研实效性策略的研究与实践"课题研究报告

一、课题研究的背景、研究的目的和意义及国内外研究趋势分析

（一）课题提出的背景

校本教研作为推进课程改革、开发校本课程的一项重要策略，不仅能有效提升教师的专业水平，而且能有效推动学校教育教学质量的整体提升。校本教研的实效性提升却成为学校教育教研工作的瓶颈，特别是农村学校的校本教研工作，更是亟待解决的问题。一方面，校本教研是教师专业化发展的总抓手和关键环节，是推动新课程改革进一步深化的必由之路，教育的发展呼唤校本教研；另一方面，现行校本教研中又存在着诸如形式化——不注重内容、随意化——不讲求质量、经验化——不重视科研方法等方面无效的倾向。近年来，随着教育改革的深入，学校内涵建设步伐的加快，好多农村学校也尝试通过校本教研来解决其教育教学工作中的问题，但在由于各学校在教研过程中存在的这些形式化、随意化和经验化，使校本教研所收效果不高，是低效甚至无效的，更无法达到我们所需的实效、高效。为此，我们认为要真正使校本教研起到促进教师的专业发展，推动学校整体进步的重要作用，就必须增强校本教研实效性，要在校本教研实效性策略上进行研究实践。

（二）课题研究研究的目的和意义

当前，农村学校校本教研主要存在以下问题：

1. 教师对校本教研认识不到位

有的教师认为校本教研没有多大实用价值，对校本教研的意义、内容、模式等了解不多、理解不深，对学校教研活动"假、大、空"现象更是不满；有的教师认为自己的本职工作是要把学生"教好"，教学研究是专家的事情，与自己关系不大；有的教师认为校本教研是为应付上级的工作检查，对提高教育教学质量帮助不大，中看不中用。这些认识产生的原因，是教师对校本教研的含义、意义缺乏正确的理解，也是在教师参与"校本教研"过程中的收获不多造成的。同时，由于农村学校的规模小，学科教师少，无法形成一定的教研团队，使教师缺少一种大学科观，形成了一种"研与不研都是几个人说了算"的消极心理。这样，难免有应付思想，直接影响校本教研的实效性。

2. 校本教研缺乏选题或选题"偏"

一些校本教研活动为活动而活动，没有明确内容，泛泛而谈，走过场。一些活动虽然有选题，但存在选题太大、不切实际、不具普遍性、研讨的价值不大等问题。

3. 校本教研内容"重理论轻实践"

一些校本教研的内容限于空泛的理论学习和笔记摘抄任务的完成，而轻行为实践。如此校本教研只会出现两种结果：停留在表面上的形式主义，为应付学校检查而机械完成任务；远离实践高谈阔论，不仅于事无补，反而使教师对理论研究敬而远之。

为解决以上问题，通过开展富有实效的校本教研活动，创造性地实施新课程，促进教师专业发展，提高农村学校的教育科研能力，全面提高教育教学质量，本课题设想通过富有实效的校本教研的实施，让学校都"动起来"，进而推动学校的发展；让教师"站起来"，让每一位教师都结合自己的教育教学实际，在研究中提高认识，在研究中成长，在研究的状态下工作，从而使自己的专业得到发展。通过学校的发展和教师的提高促进学生的全面发展，为学生的发展创设良好的环境和氛围。结合农村学校的工作实际，作为全区负责小学教研的教研员，我计划通过《农村学校校本教研实效性策略的研究与实践》课题的研究，探究提升校本教研实效性的具体策略，并以此课题为依托，提升全区教师整体的教育科研能力，提升学校综合实力。

（三）本课题在国内外同一研究领域的现状与趋势分析

1. 国内研究

我国伴随着新课程的实施，以校为本的管理模式的逐步推广，学校的教研方式由此发生了深刻的变化，校本教研成为推进新课程的重要条件保障，成为学校发展和教师专业成长的现实要求和紧迫任务。以校为本教研制度的建立，对教师结合教改实践更新教育教学观念，完善教育教学行为，提高实施素质教育的能力和水平，具有积极的推动作用。

2. 国外研究

校本教研是近年来国内外流行的一个教育新理念，是当代基础教育改革的走向之一，也是一种国际性的教育变革潮流。早在20世纪70年代，类似的理念就被应用到了教育领域，如美国纽约州1971年就成立了"以校为本管理委员会"，旨在实施分权化管理。从此，美国学校教育不断进行改革，特别是20世纪80年代以来，"重建学校运动"强调以校为本，更是受到广泛关注。其他如英国、澳大利亚、加拿大、法国、新西兰等国家，也逐步实施或倡导以校为本的教育改革。

3. 本课题与之联系与区别

校本教研的落点到底应该建立在什么基准之上？校本教研的本质内涵到底应该怎么界定？如何建立科学有效的适合农村学校的校本教研运行机制？如何合理有效地组织校本教研？这些问题都需要我们结合国内和国外研究实际，不断研究和总结。

二、课题研究的理论依据

1. 理论依据

（1）《基础教育课程改革纲要（试行）》明确提出了"国家课程、地方课程和校本课程"三级课程管理体制。这一调整反映了权力重心的层层下移，使校本课程、校本管理、校本培训各种校本形式在学校兴起。校本教研作为新课程实施中的一种方法性支持系统，贯穿于其他各种校本形式之中。无论是校本课程、校本培训，还是校本管理，都必须通过校本教研才能得以实现。教育部出台的《关于改进和加强教学研究工作的意见》指出："当前教学研究工作的主要任务是改进和完善教学研究和工作方式。努力将教学研究工作的重心下移到学校。"这就要求要大力、广泛开展校本教研，加强校本教研制度的建设，发挥学校教学研究的职能作用，促进教师专业化发展，促进学生健康成长，促进学校可持续发展，逐步形成民主、开放、高效的教研机制。

（2）教育部基础教育司副司长朱慕菊指出，以校为本的教研，是将教学研究的重心下移到学校，以课程实施过程中教师所面对的各种具体问题为对象，以教师为研究的主体，理论和专业人员共同参与。强调理论指导下的实践性研究，既注重解决实际问题，又注重经验的总结、理论的提升、规律的探索和教师的专业发展，是保证新课程实验向纵深发展的新的推进策略。

（3）华东师范大学郑金洲博士认为，"教学是学校的中心工作"这一教育规律决定了校本教研的地位和作用。校本教研主要体现在四个方面：校本研究、校本培训、校本课程和校本管理。在四者的关系中，校本研究是起点，校本培训是中介，校本课程开发是落脚点，校本管理则贯穿渗透在它们中间，起着组织、协调作用的学校制度。

（4）现代教育心理学原理、课程论原理和现代管理理论等阐述的现代科学观点、研究方法及技术，为学校和教师科学地、卓有成效地解决校本教研中的许多问题提供了依据和参考。

2. 实践依据

农村学校在校本教研上存在着很多误区。很多学校制订了较为详细的校本教研计划，但是在具体工作中，难免出现纸上谈兵的现象，再加上多数地方还处于摸索阶段，缺少典型的成功范式供参照与借鉴，使得教研走过场现象比较严重。

东涌、捷胜是两个农村城郊镇，全部学校生源都来自农村，家长无法帮助学生学习。65%以上的教师已40岁以上，近两年随着城市框架拉大，城市化集结，城市布局调整，市区学校人数不断扩大，处于快速膨胀期，但农村学校规模越来越小，从而出现了更多的麻雀学校，教师的结构也出现了青黄不接、结构不合理的情况。如何使一批中老年教师跟上教育改革的步伐？如何使农村学校的教育教学效果达到最优？我们的答案是唯一的，开展校本教研。近两年，两个农村镇学校开展了内容多维、形式多样的校本教研活动，积累了一定的经验，取得了一些明显的成效。

三、课题研究的概念界定

1. 农村学校

以汕尾市城区捷胜镇和东涌镇两个农村镇为研究对象，涉及红草镇和马宫街道两个农村镇（街道），学校主要以义务教育阶段为主，重点研究义务教育的第一、第二学段（小学阶段）。

2. 校本教研

校本教研是指为了满足学校和教师可持续发展的需要，以学校为基本单位，着眼于学校的整体规划和发展，以学校实情为出发点，以具体实践为落脚点，在上级教研部门的直接指导下，由校长、教师、学生共同参与的，旨在提高课堂教学质量，提高教师的业务水平、科研能力，促进师生共同发展而开展的教学研究。它着重强调理论指导下的实践性研究，既注重解决实际问题，又注重经验的总结、理论的提升、规律的探索和教师的专业发展，是保证新课程改革试验向纵深发展的新的推进策略。校本教研的基本特征是以校为本，强调围绕学校自身遇到的问题开展研究，学校是教学研究的基地，教师是教学研究的主体，突出"以校为本""以教师为本""以学生为本"和"以解决具体问题为本"。主要研究学科为义务教育阶段小学语文、数学、英语三个学科。

3. 实效

实效是指教师个人或教研组在教学研究活动中获得了经验、受到了启发，能够真正有助于教师提升自己的教学能力和教学质量，达到预期的效果。

4. 策略

策略是指可以实现目标的方案集合，根据形势发展而制订的行动方针和采用的方法；通过对教学中发现的问题、现状的分析，组织行之有效的教学研究活动，在教研行动中寻求最佳的组织方式、解决问题的最佳切入点，达到既定的教研活动目的。

四、课题研究的目标和内容

1. 课题研究的目标

通过农村学校校本教研实效性策略研究，探索农村学校校本教研从组织管理、制度保障，到选题实施、组织方式、评价方式等系统的操作模式，形成一整套较为完备的提升校本教研实效性的策略体系。

2. 课题研究的内容

（1）提升教师参与活动的积极性和有效性的组织策略研究。

（2）增强研究问题的针对性策略研究。

（3）增强理论学习的有效性策略研究。

（4）农村学校校本教研组织方式的有效性策略研究。

五、课题研究的方法

1. 文献法

查阅国内外有关资料文献，作为实验的理论基础。

2. 观察法

通过观察校本教研活动成效从而为改进或延续活动方式奠定基础。

3. 调查研究法

通过谈话、座谈、问卷等方式，广泛了解教师参与校本教研的思想、心理及教育理念、专业状况等，收集有关数据，充分占有研究资料。

4. 行动研究法

在研究的过程中，对学校校本教研现状和教师专业需求做一次全面的了解和总结，针对现状和存在的问题，制订总体实施方案，初步形成研究系列，分阶段实施，不断完善校本教研的途径与方法，总结提升校本教研实效的策略。

5. 经验总结法

根据实践所得出的经验事实材料进行概括总结，上升到理性认识，形成可以推广的经验。

六、课题研究的主要步骤及思路和方法

（一）主要步骤

1. 准备阶段（2014年12月—2015年4月）

（1）制订《农村学校校本教研实效性策略的研究与实践实施方案》，报省教育厅审定。

（2）健全组织机构。成立课题领导组、指导组、研究组。聘请区教研室、市教学教研专家为研究进行指导。

（3）做好与课题实验相关的文献资料的搜集工作。

（4）召开参与研究人员的会议，明确研究目标及任务。

（5）做好研究的理论储备。

2. 实施阶段（2015年5月—2016年12月）

（1）组织全体实验教师学习与课题有关的文献资料，在借鉴的基础上开展创造性的实践活动。

（2）邀请领导、指导组成员进行专题讲座。

（3）下发调查问卷，理解教师对近年所参加的各种校本教研活动的感受、收获，从而总结梳理校本教研活动中不利于产生实效的组织方式及内容，以及提高活动实效的具体策略。

（4）组织课题研究组召开实验阶段性总结会，就校本教研活动中存在的问题及时进行剖析，开展讨论会，及时交流、汇报，形成阶段性总结。

（5）根据阶段性总结所反映出的问题，课题研究组要加强研究，拟定活动策略，及时调整教研活动设计，提高活动实效。

（6）做好有关实验信息、资料、数据的记录、统计、分析、汇总、建档、传递等工作，及时总结研究中存在的实际问题，并随时向上级相关研究部门反馈实验进程情况，邀请专家指导。

3. 总结阶段（2017年1月—2017年4月）

（1）整理全部研究资料。

（2）对学校三年研究工作进行全面总结，并进行总结性评价。

（3）编辑研究过程中教师的论文集、实践经验集和实验案例集。

（4）评选课题研究先进个人，召开总结表彰会。

（5）整理实验过程中开展活动的音像资料，编辑《城区农村学校校本教研活动掠影》。

（6）对所获取的资料进行整理，用科学的方法进行统计分析，撰写研究论文和课题结题报告。

（二）思路和方法

农村学校校本教研是以农村学校为基地，以农村学校教学实践中的实际问题为研究内容，以教师为研究主体，以促进师生共同发展为研究目的所开展的教学行动研究活动。因此，准确把握学校定位，准确掌握教学实践中存在的问题，深入了解教师需要帮助解决的问题，是提升校本教研实效性的前提条件。所以，本课题的研究思路可以分为三步。

第一步：调查分析

运用调查问卷，分析农村学校的发展优势、劣势和机遇、挑战，明确学校目前的状况和发展策略，并引导教师对个人专业发展进行分析，进一步明确教师个人专业现状和最需要哪些方面的帮助。根据东涌和捷胜两个村镇学校校本教研实际及本课题研究的重点，形成了《校本教研活动问卷调查表》，在全镇义务教育范围内面向所有教职员工下发问卷，共回收问卷140份。经过对问卷的统计分析：65%的教师对校本教研表示完全赞成，认为校本教研是提高教师专业成长及教育教学质量的一条有效途径；35%比较赞成；持无所谓或反对的仅占3.5%；54%的教师认为，目前校本教研在内容选择和组织方式上还需要进一步优化，还要不断丰富校本教研的组织形式，才能满足各层次教师的实际需要。在"请你谈一谈对校本教研的看法和建议"中，具有典型和代表性的说法可归纳为四种：一是对校本教研的内涵和实质、内容和形式有较深刻的理解，渴望通过校本教研提高自己的专业水平，这类教师约占调查人数的50%；二是认为学校要丰富校本教研组织形式，建立健全校本教研制度，使教师在轻松愉悦的情境中提升专业素养，感受工作成长的成就感；三是对校本教研的内涵、实效等认识模糊；四是认为校本教研是学校布置的硬任务、硬指标，如每月、每学期要写多少篇反思、总结等，增加了工作负担。可见教师对校本教研普遍认可的同时，其认识水平有待进一步提高，教师主动参与意识有待增强，校本教研实效性尚需提升。根据学校以往校本教研经验，通过对已有案例分析总结，结合教师的需要，确定课题研究的重心。对课题组成员进行培训，组织学习相关文献资料和该课题已经形成的成功做法。

第二步：探索提升农村学校校本教研实效性的具体策略体系，构建有效校本教研的模式

模式体现为先实践（组织活动、观察、记录、调查等）后总结（具体策略等）。

针对以上调查分析中梳理出的问题，课题组进行讨论，预设改进解决弥补问题的有效策略。设计新的活动方案，并进行实施。在实施的过程中，对新案例进行分析。通过案例分析研究"解读"形式多样、内容不同的校本教研活

动的效果，实现资源的真正共享，促进活动的研究者、参与者及相关人员反思校本教研实践，引导教师深入思考教学实践中出现的问题，进而不断调整或改进教学，实现教研工作的创新和突破。

通过开展集体备课，上课、评课，教学观摩，教学反思，理论学习，论文评选，案例分析，问题会诊，教师与专家对话，专题研讨，学术报告，网络论坛、博客、微信交流等形式的教研活动，将教研活动内容专题性、序列化，将活动的开展与活动过程观察、活动成果测评有机结合，从中探索、发现、总结出提升农村学校校本教研的有效性策略。

第三步：总结整理课题研究情况，撰写研究报告，形成课题论文，申请课题鉴定

农村学校校本教研作为新课程实施中的一种方法性支持系统，贯穿于其他各种校本形式之中。无论是校本课程、校本培训、校本教材开发，还是校本管理，都必须通过校本教研才能得以实现。

课题实验以来，主持人林焕好老师开设举办了三次全区性的学术讲座，分别是《小学数学教科书的变化（义务教育教科书与义务教育课程标准实验教科书的对比）》（重点分析四年级）、《小学数学教科书的变化（义务教育教科书与义务教育课程标准实验教科书的对比）》（重点分析五年级）和《校本教研与教师的专业发展》。两年来，课题组在全区学校开展的实验课共73节，收集了农村学校义务教育阶段不同学校的课堂观察记录及教学设计、反思等宝贵的一线真实材料，为课题组不同阶段的实施方向提供了宝贵的材料支撑。两年来，全区在校本教研过程中，一线教师认真总结，善于反思，勤于动笔，撰写了大量的论文和教育教学反思，并在《汕尾教育》等刊物进行发表，使校本教研的实验过程点滴得到了记载和交流分享。

七、课题研究的成果及形式

通过两年多来的实践与研究，使东涌镇、捷胜镇两个镇农村学校校本教研制度进一步健全，建立了校本教研工作规范化的机制，在校本教研的实效性研究方面做出了有效地尝试，形成了操作性强、有实效的校本教研组织模式，形成了以下物化成果：

（1）教师教研论文、教学反思、教学设计集。

（2）全区义务教育不同学科的示范课、公开课、研讨课等案例。

（3）教师上示范课的课例录像等。

（4）阶段性实验总结。

（5）《农村学校校本教研实效性策略的研究与实践》结题报告。

（6）《农村学校校本教研活动的有效组织与实施》等论文。

（7）公开发表的论文。

八、课题研究的成果及结论

1. 基本构建了校本教研有效的组织模式

通过以上实践与研究，使东涌、捷胜两个农村镇义务教育学校校本教研制度进一步健全，建立了校本教研工作常态化机制，在校本教研有效组织方面进行了深入的研究探索，总结出了一些提升校本教研有效性的组织策略。

2. 提高了教师参与校本教研的积极性

帮助教师解放思想、转变观念，充分认识校本教研的目的意义及重要性，激发教师参与校本教研的内驱力，提高其参与的积极性。确保教师的主体地位是提高教师参与校本教研活动积极性的关键，校本教研的组织，从内容到方式都要致力于吸引教师，使教师乐于参加，促使各层次教师在校本教研活动中动起来。同时，积极引导，建立扎实有效的校本教研制度与激励机制，为教师主动参与校本教研活动提供动力，使校本教研成为教师工作生活的一种习惯，并能以有效的评价调动教师参加活动的积极性。

3. 优化了校本教研内容组织和过程组织方式

搞好校本教研，作为学校，必须全方位地组织、搭建活动平台，这是提高活动成效的关键所在。

（1）必须做好校本教研前期的策划及准备工作。找准真问题是校本教研活动的基础和起点。要有针对性地确定校本教研活动内容。根据活动内容，确定益于实现目标的最佳校本教研活动形式。要准备并审查相关材料，提高材料质量。

（2）必须做好活动的内容组织工作。第一，内容组织要充分挖掘身边的教师培训资源，发挥校本培训的实效。组织活动要问题集中、耗时短、针对性强。第二，要紧紧围绕教学中发现和影响教学质量的关键问题组织活动，力求在活动中解决问题，解决老师实际的问题，帮助不同需要的教师解决教学中的燃眉之急。第三，必须丰富创新活动组织形式。根据活动内容，确定益于实现目标的最佳活动形式，形式上有层次、有创新，内容组成丰富，能有效调动教师参与活动的兴趣，提高教师参加活动的质量。第四，教师参与面要广，活动的组织兼顾各层次教师的需要，要有序组织，做到集中研修与自主研修相结合。

九、课题研究存在的问题

（1）专业指导力量不足，更多的是自我探究。

（2）课题组成员自身理论学习不够，理论联系实际、指导实践的能力较弱，提炼概括研究结果的能力有待提高。

（3）研究的方法单一，有时不够科学。

（4）对教学研究的认识不够到位，对课题研究所取得的阶段性成果，运用、推广意识也比较淡薄。

（5）在操作过程中对教研与科研的关系认识和处理还不协调。学校教育教学研究工作包括常规教学研究和教育科学研究两大部分，二者既紧密联系又有实质性的区别。教学研究的针对性、实效性和延续性需要进一步提升。

（2017年9月）

参考文献

［1］中华人民共和国教育部.《面向21世纪教育振兴行动计划》.北京：教育部，1998.

［2］中华人民共和国教育部.基础教育课程改革纲要（试行）［M］.北京：教育部，2001.

［3］朱慕菊.加强教学研究，推进新课程实验［J］.人民教育，2003.

［4］宋乃庆.新课程校本教研［M］.北京：新华出版社，2003.

［5］李志宏、邱孝玉.新课程校本教研的示例与指导［M］.北京：中国轻工业出版社，2004.

学生基本活动经验在小学数学课堂教学的应用与实践研究报告

——基于"综合与实践"领域的研究

一、提出课题的背景

综合与实践是小学数学课程内容的重要组成部分，设置目的在于培养学生综合运用有关的知识与方法解决实际问题，培养学生的问题意识、应用意识和创新意识，帮助学生积累活动经验，提高学生解决现实问题的能力。小学数学综合与实践是一种新型的课程形态，又被称为综合实践活动，是指在教师的指导下，基于对知识的有效整合，联系实际生活，通过学生的自主活动，了解数学与生活的广泛联系，学会应用已有的数学知识去解决实际问题，通过小组合作、互动交流等活动，以获得积极的数学情感体验，从而全面提高学生数学素养的一种学习体验活动。

《小学数学课程标准》明确指出：数学是人类生活的工具；对数学的认识，不仅要从数学家关于数学本项的观念去领悟，更要从数学活动的亲身实践去体验；数学发展的动力不仅要从历史的角度考量，更要从数学与人和现实生活的联系中去寻找。这充分说明了数学来自生活又运用于生活，数学与学生的生活经验存在着密切的联系，让学生在生活中学数学，把学生的生活经验课堂化，化抽象的数学为有趣、生动易于理解的事物，让学生感到数学其实是源于生活且无处不在的，数学的学习就是建立在日常生活中，学习数学是为了更好地解决生活中存在的问题，更好地体现生活。因此，以学生发展为本，关心学生需要，以改变学生学习方式为落脚点，关注课堂教学生活化成为改革的基本趋势。

目前课堂教学已由传统的教师"灌输式"向以学生为主体、以学生为中心、促进学生主动发展的多模式转变，学生在课堂上的主体地位得到了体现。自主、合作、探索式学习是现代学生学习数学的主要方式。但深入观察，我们发现还存在诸多问题：课堂教学中，学生活动多，激情少；思维多，智慧少；有回答，但无质疑；有探索，但无创新。一定程度上出现了"假合作、假探究、多花哨"的现象。造成这些现象的根本原因是数学与学生生活实际相脱离，使学生觉得数学知识远离我们的真实世界，纯"数学化"的东西枯燥无味，学生的参与只是被动的、机械的。这样的教学对学生很难具有吸引力和亲和力，学生根本无兴趣去探究，更谈不上培养学生的独立性与创新意识。所以，必须改变目前的课堂教学现状，不断积累学生基本活动经验，不断沟通生活中的数学与教科书上的数学的联系，使生活和数学融为一体。这时数学才是活的、富有生命力的，才能激发学生学习和解决数学问题的兴趣，正如数学教育家所言："数学是现实的，学生从现实生活中学习数学，再把学到的数学应用到现实中去。"因此，课堂教学要密切结合学生的生活经验，生活化的课堂使学生感到数学就在身边，就存在于自己熟悉的现实世界中。

二、课题研究的意义

本课题的研究实施有利于改革"综合与实践"领域课堂教学单一、封闭和学生被动学习的局面，使课堂焕发生命活力。《义务教育数学课程标准》把实验版的"双基"提升到"四基"，把学生认识自然、理解生活中的数学作为学习数学的基础，为课题提供了强有力的理论依据，有利于培养学生的创新意识和实践能力，激发学生学习的兴趣，对学生的终身学习和发展都具有重大的意义。同时，通过课题研究，使教师更新教育观念，改变对"综合与实践"领域在课堂的教学行为方式，与国家课程改革保持同步，并能发挥教师在教学上的创新能力。

本课题研究的目的，在于通过课题的实践与研究，形成如何帮助学生积累活动经验，并应用在"综合与实践"领域课堂上的操作方式，这些方式具有一定的实践推广价值。本课题研究和积累的经验资料，对于丰富和发展教育生活化理论具有一定的参考价值。

三、课题研究的目标

（1）解决教学内容封闭、脱离学生生活、教学方式单一、忽视学生学习需要的状况，建立一种开放的、与生活相结合的、生动的课堂教学方式。

（2）解决"综合与实践"领域课堂教学中学生学习方式被动、单一，学习主动性难以发挥的问题，利用"综合与实践"课程的课程资源，通过本课题的研究，使课堂教学焕发生命活力，提高教学质量和效率，培养学生主动探究的学习习惯，培养学生的合作能力、交往能力和实践能力，整合四个领域的知识，通过基本活动经验的实践活动，发展学生思维，塑造创造性人格，促进学生的可持续发展。

（3）解决教师以本为本、被动施教的问题，通过本课题的研究，激发教师的积极性和创造性，使教师真正能为学生创造动手探究的学习环境，成为教材的再设计者和课堂生活的创新者。

（4）激发学生的情感与动机，促进学生主动参与知识形成过程的探索，使学生感受数学与日常生活紧密相连，从而认识数学的价值，树立学好数学的自信心。

师生方面通过课题的研究，达到以下的研究效果：

（1）学生方面：通过实践活动，使学生综合运用已有的知识和经验，经过自主探索和合作交流，解决与生活经验密切联系的、具有一定挑战性和综合性的问题，积累基本的数学活动经验（学生会进行数学阅读与思考，具有发现问题、提出问题、分析问题和解决问题的意识与能力，能由表及里获取理性的数学经验，同时思维能力得到发展），发展学生的创新精神和实践能力，从而提升学生对数学活动经验的感悟，全面提高学生的数学素养。

（2）教师方面：①通过小学数学"综合与实践"领域学生基本数学活动经验的教学实践，形成这一领域的课堂教学策略；②教师能以数学知识为载体，以数学活动为导向，在实践和反思的基础上形成相关典型案例，建立学校数学教学资源库。

四、课题研究的内容

（1）研究和形成学生基本活动经验在综合与实践课堂教学的一般操作模式。

（2）改变学生学习方式（由被动学习到主动参与）。

（3）探索"综合与实践"领域中学生活动经验与数学课堂教学的有效整合。

（4）生活化课堂在"综合与实践"教学中的质量的评估标准研究。

五、课题研究的基本原则

"综合与实践"课堂教学应以"儿童生活世界"为活动背景，以儿童原有的生活经验为生长点，使儿童主动参与，自主发展。以低、中、高三个年级为梯度，根据孩子不同年龄特征，确定几个实验班进行课堂教学生活化探索。

1. 整体性原则

即要把课堂教学与学生身心素质各方面看作相互联系的整体，使课堂教学与社会、家庭、学生生活形成一个相互协同的整体。

2. 师生合作性原则

课堂教学生活化的本质是让学生在课堂教学中真正成为生活和自我发展的主体，而学生的主体性发展，首先决定于师生关系的性质。因此，在实践中，教师要树立正确的学生观，尊重、理解、相信每一个学生，与学生建立起真诚合作的师生关系和教学关系。

3. 自主创新性原则

在课堂教学中，没有学生的自主，没有学生的创新，学生的个性就不可能发挥。要激发学生的自主性与创新性，就需要教师在正确的教育思想指导下，努力发挥自己的自主性、创新性。

4. 生活实践性原则

课堂教学要与现代社会生活发展及学生的生活密切联系起来，在教学过程中，贯彻"教学做合一"的思想，通过加强与学生生活的联系和生活实践，把教育教学要求转化为学生的素质，提高学生生活实践的能力，使其形成良好的个性品质和习惯。

六、课题研究的方法

（1）行动研究法。

（2）对比实验法。

（3）文献研究法。

（4）反思总结法。

七、课题研究的步骤

（1）2016年5月至9月，先期准备阶段：理论学习.

（2）2016年10月至12月，课题申报阶段：递交课题申请书，制订实施方案。

（3）2016年12月至2018年8月，全面实施阶段：开展课题的研究。

（4）2018年9月至10月，总结提高阶段：总结经验，交流成果。

（5）2018年11月至12月，结题验收阶段：整理各类资料，申请课题验收。

八、课题研究的实施过程

1. 挖掘生活化内容

小学数学教材中"综合与实践"领域的内容，都是从学生的日常生活中提炼出来的题材，更是基于学生的基本活动经验开发的。学生的日常生活中存在大量的数学学习资源，它们或无形或有形出现在学生的生活中，对于那些学生未曾遇到的或未意识到的数学现象，教师要挖掘，如汽车从一个城市到另一城市所用的路程单位、卡车的载重量等；对于那些学生在自己的生活领域中常常发生的数学现象，教师要引导，如购买学习用品时人民币的处理、生活中随时可见的时间问题等。发掘运用生活化的数学学习材料，能帮助学生凭借这些鲜活具体的事例感悟抽象的数学意义，使学生对数学有一种亲近感，感到数学与生活同在，并不神秘，从而激起学生大胆探索的兴趣。

（1）从教材中挖掘。《义务教育数学课程标准》强调书本知识与现实生活的联系，而且要求"数学教学必须从学生熟悉的生活情境和感兴趣的事物出发"，真正体现"人人学有用的数学"的基本理念。遵循这一理念，我们在保证科学性的前提下合理改组了部分教材，给数学课本增加"营养"，体现教学内容的生活性。教材是学生积累基本数学活动经验的重要依据，教师对教材的理解和把握，对教学环节的精心设计，决定了学生的基本数学活动经验的形成与积累。学生的认知规律决定了基本数学活动经验的提高应该是循序渐进的，具有延续性。同时，"基本"二字又决定了它具有反复性，也就是最新经验的体验可能会用到最原始的活动经验。例如，在教学《量一量，比一比》时，课的开始我拿出两个不同规格的盒子，问学生，这如何比较两个盒子的长宽高。学生纷纷举手，说了不同的方法：尺子量，直接比，用绳子量等，利用了自己已有的活动经验进行了探究与实践，从而得出了长宽高的长度如何进行比较。教师给枯燥的内容赋以"生命"，使学生积极主动地投入学习，让学生真正感到"数学就在我们生活中间"。

（2）从生活中挖掘。教师紧密结合儿童的生活实际，在生活中挖掘出既包含一定的数学思想方法又使学生能够理解和接受的数学问题，使生活数学化。

① 挖掘社会生活中的数学资源。社会生活是学习数学的大课堂，学生可以从网络、电视、微信朋友圈及报纸、杂志等新闻媒体上了解到很多信息，还可以从与家长的聊天谈话中捕捉到一些有用的信息，甚至小伙伴之间的游戏有时也会成为数学学习的第一手资料。例如，教学《生活中的百分数》时，是学生在学习了百分数解决问题以后的一个综合与实践活动，我让每个学生到相关银行进行调研了解，准备银行利息单，计算存入1000元，一年后连本带利有多少钱。由于是学生自己家里经常碰到的事情，比较熟悉，好理解，也很想了解，本来比较抽象的利息、本金、利率概念，经过学生的举例，就变得具体、清楚了，再根据三者之间的关系，通过对利息的计算，学生掌握了生活中的百分数的解决方法，加深了对百分数在生活中的应用的理解。我还让学生调查自己家里十年前的家庭总收入，其中生活支出是多少；去年的家庭总收入，其中生活支出是多少，然后让学生列出统计表。学生自己便能得心应手地解决这类与百分数有关的生活问题，感受生活中数学的无处不在。

② 挖掘校园生活中的数学资源。校园生活是学生们最熟悉、最感兴趣的内容。因此，教师要特别关注他们的校园生活，要善于发现校园内的数学素材，把校园中的数学问题搬进课堂，使学生感到真实有趣，感到数学就在身边。例如，在教学《我们的校园》时，让学生说出各活动场地的位置与面积

等，其他像空间位置、统计方面均可找到合适的数学素材。又如，在教学《确定起跑线》这一节时，学生学习难度较大，我就把学生带到操场进行实地学习，叫六个速度差不多的学生，分别跑这六条跑道的一个弯道，大家猜一猜，这六个同学谁先跑到同一终点，然后注意观察。结果出来了，我提出了问题：和大家的猜想有什么不同呢？你知道这是为什么吗？学生们很想知道这件事，于是我就让学生度量这个弯道的直径是多少米？加上第一条跑道线的直径是多少米？加上第二条跑道线的直径是多少米？它们周长的一半又是多少？

③ 挖掘家庭生活中的数学资源。家庭是学生生活的场所，又是学生学习知识的摇篮，学生学习的数学知识每天都在家庭中上演，只不过学生处在一种无意识的状态中。在学习数学前，学生不是一张白纸，生活中无处不在的数学现象已经进入他们的生活领域成为他们的数学活动经验。我们在研究过程中应充分认识到这一点，以便在教学中加以运用。

2. 在现实中运用数学，培养学生运用数学知识解决实际问题的能力

把所学的知识运用到生活中，是学习数学的最终目的。要在教学中加强数学的应用性，培养学生"用数学"的意识解决实际问题的能力。我们不仅提供现实生活中的数学材料，创设接近学生生活实际的情境，还要培养学生从生活中收集数学信息、整理数学知识的能力，让学生主动地将现实生活的大背景与数学知识密切联系起来，使学生在生活中发现数学，在生活中学习数学，在生活中应用数学。

（1）教学《探索图形》时，让学生根据已经学过的求长方体的表面积计算：要给一个长25米、宽15米、深2米的长方体游泳池粉刷，要刷多少平方米？学习了求长方形的面积后，请学生思考，要给一个长8米、宽7米的教室铺地毯，现有宽1米、宽2米、宽4米三个规格的地毯，你选择哪一种？需要多少？这样不仅使学生感受了数学的趣味性，也体会到了数学的价值。学生探究出解题方法后，利用所学的知识走进生活，解决实际问题。

（2）《制作活动日历》是在学生学习了"年、月、日"以后安排的一项"综合与实践"内容，我让学生设计一张本年度的年历表。

（3）通过对《生活中的数》的学习，学生能体验到在我们的生活中如果每个人节约一张纸，我们中国13亿人节约下来的纸就是很高很高的一堆纸。无论是多小的东西，我们都不应该浪费。

（4）通过对利息的学习，学生的学习兴趣更加浓厚，知道储蓄不仅有利于国家建设，而且安全保险，还能够获得利息。很多学生能根据本金、利率、时间求出利息。

（5）学习了购物策略后，学生能够根据自己的需要参加到购物行列里来，自己选择商品。学生通过学习数学、应用数学，能够在生活中感受数学给自己带来的快乐。

九、课题研究的成果

本课题根据研究目标和研究步骤，有序地开展了研究和实验，并及时做好先进方法交流、经验积累且实验效果明显。通过几年来对课题的实践与研究，在不同的实验学校，实验教师带领科组的老师，在培养学生数学活动经验的积累、应用等方面进行了多方面的尝试和实验，得到了各实验学校领导及县（市、区）教育教研部门和市教研室的大力支持，实验的课题成果得到应用和推广。

1. 促进了教师的专业成长

（1）教师的教学理念得到提升，对数学活动经验的内涵和帮助学生积累数学活动经验的意义有了更深一步的理解。"数学活动经验分为静态和动态两个层面。从静态上看，数学活动经验是知识，是学生经过数学学习后对整个数学活动过程产生的认识，包括体验、感悟和经验等，虽然这只是学习个体主观上粗浅的、感性的认识，但毕竟是从数学活动中体验到的，获得的认识是有意义的。从动态上看，数学活动经验是过程，是经历，学习个体必须主动地通过眼、耳、鼻、舌等感官直接接触客观外界，不断地尝试而获得"。实验教师深刻地认识到，数学活动经验无处不在，学生的日常生活可以积累丰富的数学活动经验。

（2）教师的课堂教学能力获得提升，通过对现行人教版教材资源的有效整合和合理利用，对整个小学阶段"综合与实践"领域20个教学内容进行了探讨和研究，使教师们在课堂教学中既关注学生的生活经验，也关注学生先前学习经验的迁移，从而真正促进学生活动经验积累的显现呈现和自觉意识。同时，教师的教学观念、教学行为开始转变，课堂教学面貌正以崭新的姿态出现。

（3）教师的教研能力得到提升。这一阶段的研究，锻炼了实验学校数学教师队伍，课题组成员的课题意识、课改意识得到了加强，科研水平得到了显著提高。课题主持人林焕好被评为"广东省新一轮中小学名教师工作室主持人"，被广东华南师范大学聘为兼职教授。唐小娜被评为"汕尾市小学数学学科带头人"，庄瑞奇、唐小娜获"汕尾市城区年度感动教师"提名奖。唐小娜设计的说课"确定起跑线"获汕尾市说课一等奖。庄瑞奇的课例"掷一掷"获广东省录像课一等奖。两年来，主持人林焕好带领课题组先后到潮州饶平、海丰等地送教，将研究经验在区域内分享。林焕好老师先后开设了《校本教研与教师的专业成长》《做有情怀的教育人》《落实课标吃透教材用好教参》《教科书（修订版与实验版）的比较》多个讲座。课题组成员在研究过程中能不断总结经验，形成研究论文。林焕好有多篇论文在国家级、省级刊物上发表并获奖，课题组成员共有十多篇研究论文、案例、教学设计获奖。

2. 促进了学生的发展

（1）数学学习由"双基"向"四基"发展，课堂上关注学生的"三重"，即重经历、重体验、重反思，极大地提高了学生课堂学习的有效性，有效促进了学生的数学学习能力和数学素养的发展。在数学教学中，通过数学活动过程，帮助学生将日常生活经验逐渐转化为数学活动经验，让他们感受数学就在自己的身边，就在自己的生活中；我们常常要依靠数学知识来解决生活中的许多问题。

（2）在学校开展"数学综合实践活动课堂教学模式"探索的背景下，课题组以"数学综合实践与应用活动"为载体，组织、引导学生参与综合实践应用活动，积累活动经验和解决问题的经验。实验教师将小学数学生活化课堂教学设置成如下流程：创设生活化的问题情境——提出数学问题（数学源于生活，把生活问题提炼为数学问题）——探究问题的解决方法——运用所学知识解决生活中的实际问题（数学应用于生活）。结果显示：学生的学习积极性高涨，精神振奋，学习兴趣得到了很好的激发，数学教学生活化给学生创设了一个很好的学习平台，使学生善于观察周围的生活世界，培养了学生的问题意识。学生的学习方式、形式得到转变，生活经验、数学学习经验的积累有了较为明显的显现呈现，并逐渐成为学生自觉意识，学生将感性经验上升为抽象的数学活动经验。

（3）学生的学业水平成效有显著的提高。多个实验班级学期期末检测和实验抽测，学习成绩和能力都得到了提升。学生感到数学就在自己身边，是时时刻刻都在用的，数学生活化教学的课堂，利用动手操作、自主学习等学习方式，激发了学生学习数学的兴趣，提高了学生综合运用知识解决实际问题的能力。学习数学不再那么抽象，那么枯燥。一部分学生不再畏惧数学，对数学学习有了兴趣，更加爱学数学了，更体验到了成功的乐趣。

（4）培养了学生解决问题的能力。学习并不是教师把知识简单地传递给学生，而是学生自己构建知识的过程，使他们感到数学是真真切切存在于生活中，而有效地积累生活经验则有益于帮助他们打开知识的大门。学生基本活动经验在"综合与实践"领域课堂中的应用，为学生创设了适宜的问题情境，引导学生积极参与，主动探索，鼓励学生成为发现者、探索者、创造者。学生就是在教师的引导辅助下，以自己的活动经验为认知基础，通过操作实验、大胆猜测、合作交流等活动方式去发现问题、分析问题、解决问题，他们的创新意识得到了培养，观察、分析、判断等思维品质得到了发展，同时提高了数学的应用意识和解决问题的能力。

3. 促进了学校数学组教科研氛围的发展及科研实效的提升

本课题开展研究以来，所有实验学校数学组的业务学习、集体备课、教后反思等都从"积累学生基本数学活动经验"和"学生基本活动经验在小学数学综合与实践课堂教学的应用"这两个角度进行重点观照；同题异构公开课的教学与评议、撰写论文、外出听课学习等更是着重围绕"学生基本数学活动经验在课堂上的应用"这个主题进行思考和研讨。这种"主题教研"不仅使实验学校数学教研组的校本教研有声有色，教科研氛围愈加浓郁，更把本课题的研究扎根于学校常态教研，使得课题研究不再虚浮、空泛，具有了持续发展生命力。通过学习和操作，以及平时的相互切磋和教研活动的评课等，引发教师自我和相互之间的思想撞击，促使教师观念吐故纳新，使教师的教育观念得到更新。

十、课题研究存在的问题和思考

本课题经过两年的实验，研究过程是艰辛的，研究的体验是快乐的，在课题的实验过程中，如何培养学生的活动经验，并把这个活动经验用在以动手操作、自主探究的"综合与实践"领域的课堂中，需要教师的引导和鼓励，让学生从自己的经验出发，进行新知的学习。在实验的过程中，如何更灵活、全面地把学生已有的活动经验应用在课堂教学上，仍有相当多的问题有待进一步深入研究。

（1）如何处理有限的教学时间与学生基本活动经验的积累容量之间的矛盾？在研究活动中，不同学段的学生活动经验对"综合与实践"教学内容的自主探究，总存在着活动经验不足的掣肘，制约了探究的深入开展。

（2）不同综合与实践课程内容的呈现方式，教师对学生合作的整合还需要进一步探究。对我本人而言，需要不断提高自身素质，要由经验型转变为科研型，只有这样才能充分发挥教师的作用。

（3）开放的课堂，学生思维活跃，创新意识强。由于有的时候教师不能充分考虑，无法全面估计课堂上可能发生的多种变化，对学生的求知欲望不能完全满足。这样对教师驾驭与处理教材的能力提出了更高的要求。

把鲜活的生活题材引入课堂，数学课堂就有了源源不断的"生活"活水。走向生活化的数学教学，并不是要丢开文本，而是要在现行教材和课堂教学上做文章。教师要敢于挑战教材，活用教材。多方位地培养积累学生的基本活动经验，把学生的活动经验积极地应用在课堂上，通过学生的自主动手、主动探究，使课程与学生的生活、学习整合，充分调动学生的学习热情和未知欲望，利用基本数学活动经验，形成各种操作能力、交流能力、应用意识，去解决新问题，他们才能主动地参与学习，课堂才能焕发出生命的活力。

（2018年11月）

参考文献

［1］朱慕菊.走进新课程——与课程实施者对话［M］.北京：北京师范大学出版社，2002.

［2］中华人民教育部.《全日制义务教育语文课程标准》（修订版）［M］.北京：人民教育出版社，2011.

［3］王建军、吴刚平.课程变革与教师专业发展［M］.成都：四川教育出版社，2004.

4

他山之石

第四篇

在学习中吸取，在借鉴中内化

——广东省第二批"百千万人才培养工程"小学名师培养对象赴澳研修报告

2017年2月26日至3月18日，在经历了半年时间的筹备和两易时间的情况下，经过广东省教育厅和广东省外语艺术职业学院领导的努力，广东省第二批中小学"百千万人才培养工程"小学名教师的23名培养对象第6次集中培训澳洲培训项目，终于完成了在南澳洲21天的培训学习。

21天的考察访问，加上行前培训，共听了16场专家报告，参观了7所学校，观摩了二十几节课，让我对澳大利亚的文化、基础教育的现状和发展有了基本的认识。在这里，尽我的所看、所闻、所想、所思和大家共享。

1. 澳大利亚教育的基本概况

澳大利亚很重视教育，具有世界一流的教育水准，国民生产总值的4.9%用于教育与培训。这个人口仅有2400万的国家，先后有13位科学家获得诺贝尔奖。澳大利亚的中、小学教育是12年制，各州具体情况不太一样，通常为小学6年制或7年制，中学5年制或6年制，完成第12年后即属高中毕业。在某些州，学生5岁起，在上小学前还上幼儿园或预备班，学制为13年。澳大利亚的学校每学年分为4个学期，每学期约为10周时间。中小学上学时间一般是上午9：00左右，一直到下午3：00放学。师生在校吃课间餐和午餐，食物自备。

2. 美丽的校园环境

澳洲的小学和中学占地面积都非常大，特别是那些不在城市中心地段的学校，都有数百平方米的大草坪，操场一般都有两三个。澳洲政府为了提高投资的效益，在学校的规划建设时，会把体育场馆和操场与社区公共场馆进行统一规划，把社区公用的体育场地建在学校周围，并与学校相连，看上去似乎就是学校建设的一部分。这一规划和建设的理念不但避免了投资和浪费，提高了政府投入的效益，也满足了广大居民终身锻炼和学习的需求，因为学校的场地设施在放学后或周末是对家长和学生开放的。学校的教学楼以宽敞的小平房居多，就算是楼房，最多也就只有两三层。在澳洲，校园环境优美、安静，蓝天白云，成群的鸟儿在草地漫步、觅食，尽享人与自然的和谐与亲近。特别值得一提的是，所有的学校都没有气派的校门、醒目的校名标识和高大的围墙，校园的围墙基本上都是1米高的木栅栏，校名牌也通常是钉在栅栏上的长约1米、宽约80厘米的铁质或木质牌匾。这与我们国内那些高大堂皇的校门来比，真的要引起我们的思考：表面的富丽堂皇，能否真正彰显学校的办学理念和文化底蕴！

在我们参观的学校中，可以说校园和室内设计都极具人性化，如校园的每一块绿茵地都设有供学生休息、交流的长椅等。学校外部都比较朴素，但室内装饰的细腻程度又给人以强烈的震撼。学校门厅、走廊、教室的布置非常得体，有的是学生的艺术作品、学习园地，有的是学校全体教师的照片、荣誉，有的是学校历届的全家福，到处都能看到学生自信的物化展示。教室里，每个角落都充分利用，张贴或悬挂着琳琅满目的教育图片、学生照片、手工作品，每个学生的作品都能够得到展示。在老师眼里，学生尽力了的作品都是最好最棒的。

3. 敬业的教师队伍

澳大利亚的中小学教师均受过大学培训，不但有教育方面的资历，还接受过教学实习训练。高中教师更在特定科目具有相当资历。另外，学校还有各方面的专业导师，为学生提供读书技巧、科目及职业选择取向，以及其他生活需要的指导。澳大利亚的各个中小学都实行坐班制。小学都是一个班由一位老师负责教授除音乐、艺术、计算机及体育以外的所有课程，相当于我们国内一些偏远山区小学的包班制，负责整个班级所有其他课程的教学任务并担任班主任，教室就是教师的办公室，与学生形影不离，师生关系十分融洽。教师上课没有固定的教材，教师要以国家的教学大纲为准绳，参考自己收集的材料或网络信息，进行选择、整合，创造性地写出教案和讲义，还要制订学生的学习计划，写出退步学生的提高措施等，因为这里也有每两年一次的全国性统考，学生的成绩在国家的教育网站上都是可以查询到的，所以家长对学校的教学质量的要求和关注程度是非常高的。中学教师一般每人兼任2—3门课程，有的甚至高达5门课程。据了解，这些教师在上班期间除了上课极少有自由支配的时间，每周的上课时间在25个小时以上，自由支配时间大约只有两个小时，教师备课、批阅作业也大多都是利用晚上时间在家里完成的。

澳大利亚教师工作量之大是我们考察之前所没有料想到的。可是，在澳大利亚，教师们只要身体状况许可和学校聘任，一般是没有国家规定的退休年龄的，即便是这样高强度、大容量的工作量，在学校里也经常能见到一些和青年教师一样勤勤恳恳地工作的60多岁的老教师，工作中也看不出有丝毫的懈怠，他们的敬业精神确实值得我们学习。

4. 幸福的学生

在澳大利亚，学生的校园生活应该是一生中最幸福的时光。我跟岗的林顿园小学，是南澳洲规模比较大的学校，有来自36个国家的960名学生，也是南澳洲为数不多的引入国际认证IB课程的学校之一。在跟岗的过程中，我亲历了这样一个场景：周五下午听完四年级一节数学课，当时的数学老师是这个班的班主任。这个班有五六个华人学生，这几个学生很健谈，语言表达清楚，思路更是清晰，英语和中文的表达准确流畅。有个小男孩问他的班主任老师周一来不来学校，刚好那几天是澳洲的小长假，有三天的时间，所以周一不上班！老师告诉那几个小同学，周一是放假时间，不上班。那几个小同学不由得发出了失望的声音，伴随着失落的表情，还有一个说，真可惜，今天怎么会是周五呢！老师，你周一来学校吧，我们几个过来等你。老师说不能来，教室门都锁了。几个学生说，我们就要来，打破门也要进来等你！面对这一幕，我脑中不由闪现出我们国内学生对校园生活的向往度和对教师亲近度，有一个明显的对比：同是学生，他们是幸福的！

在澳大利亚的教室里，学生没有固定的座位，上课多以讨论为主，孩子们围坐在地板上，只有需要写字时才会使用桌子，因此，孩子们可以直接根据座位的形式知道今天授课的内容和方式。每个教室有一块白板，电脑（以笔记本电脑为主）放在教室里，学生可以随时使用。在课堂上，教师极少搞满堂灌、一言堂。教师通常只讲授15分钟，甚至是10分左右，其余时间都是学生自己进行合作、探究，钻研教材或独立完成作业。教师在课堂上的主要任务就是以自己设计的教学内容为主要知识，在教学大纲的框架内，给学生讲透教材的主要内容，然后进行巡视和指导，当好学生的服务者和合作者。学生在课堂上的学习方式、坐姿五花八门，走进教室，我们所看到的就是一种轻松和谐的氛围，学生们有的在研读课本，有的在讨论，有的在做实验，有的围着老师讨论问题。尽管教学秩序没有像我们国内的教室那样整齐安静，但学生们学习热情高涨，精神投入，整个课堂生机盎然，十分活跃。这种以学生为主体的教学方式使学生始终处于动手动脑、独立思考的积极状态，真正地让学生进行主动的探究，让学习在学生的主动探究中发生。在这样的教学过程中，学生不仅获得了知识，更主要的是学会了学习的方法，培养和锻炼了发现知识、探索知识形成过程的创造意识和能力。

我跟岗访问的林顿园小学，学校全部是开放式的教室，教师办公室与教室连在一起，方便学生随时请教老师。老师没有架子，围着学生转，轻声细语，娓娓道来。学生的倾听认真专注，师生的关系特别平等。在澳洲，学生的书包是可以装玩具和食物的，他们的书包不用带进教室。在教室里，他们学的是生活的技能、学习的方法以及与人相处应有的尊重、理解、包容；他们学习如何思考，如何沟通，如何倾听，形成合力的团队精神，培养自己的创造能力。

学校提倡学生的自律。在参观跟岗的所有学校中，在学生自主学习、分组合作、活动游玩等过程中，从没听过老师大声地要求学生静下来的吆喝声，不管在什么情况下，如果老师想让学生静下来听自己的分析讲解，只用要食指放在嘴边"嘘"一下，所有的同学就会做同样的动作，全班马上一片寂静，并且全部围坐在老师周围！有这样一个场景：在上校光花园小学，几天的跟岗活动结束了，准备跟学校的老师和同学道别，热情的学校给我们举行了全校欢送仪式。全校学生参加，还邀请了部分学生家长参加，共600多人，欢送仪式在学校的室内体育馆举行。体育馆只有一个篮球场那么大，全体师生家长排队进场，人多地小，场面有些乱，因为毕竟都是小学生。活动开始，主持人走上主持台，宣布活动开始，只见主持人举了她的右手，这时，前面的同学都做了同样的动作——举起右手。刚开始的几秒钟，举的人没那么多，但经过二十秒左右，从前到后，所有的同学都举起了右手，不到一分半钟，偌大的一个体育馆，鸦雀无声，600多人的会场，不用两分钟，就听不到一点儿声音。他们就是这样培养学生自律、尊重他人，并落实到日常生活中的。

澳大利亚的教学模式从表面上看比较松散、随意、浅显，但是形散神聚并始终贯穿一条主线，即学生是课堂的主人，让学生参与知识形成的全过程，学生在课堂上获取的不仅仅是知识，而是学习的方法与能力——学生的独立思考、批判性思维以及与他人合作的能力。在澳洲，学生选什么学什么，学什么考什么，其中包括大学的录取。在跟岗考察的7所学校中，我听得最多的是"你好，谢谢"，从没见过有学生发生纠纷或是吵架之类的事情要老师解决处理的。给我印象最深的是，我们去学校都是乘坐公交车去的，不管什么时候，所有上下车的乘客都会对司机师傅说"谢谢"。这种礼仪和教养，也应该是我们的学生所应具备的基本礼貌，在澳洲，学生是幸福的！

学生的幸福不但体现在主流学校学生的身上，更体现在社会弱势群体之中。在我们参观的阿德莱德学校，为了学校里13个患有自闭症的学生，学校专门投资建设了为自闭症学生就读的专业教室。部分学校专门设立了自闭症干预项目，配备自闭症儿童专用教室，由专职教师开展教学。步入教室，你会发现每一个细节的设计和布置，无论可以摇摆的鼓凳，还是可震动的按摩抱枕，无不体现着教育者的细致与包容。自闭症学生，在这个特殊教室经过两年的辅导和干预，就可以回到主流教室和其他同学一起上课了。南澳洲对特殊儿童教育的高度重视和落实，真正体现了教育的公平和教育者的仁爱，值得我们学习和借鉴。

澳洲的教育不仅注重教育机会的公平，更是将"以生为本"的理念落实到细微之处，真正站在"为孩子的终身发展"的角度去思考和实践，尽最大努力帮助每个孩子达到最佳状态。对优秀的学生实施精英教育，鼓励优秀学生多学先学；中等层次的学生在家长、学校的共同努力下向优秀迈进；对学习有困难、有障碍的学生更是厚爱有加，经过申请，政府会指派专门机构或教师对其进行一对一的辅导。

5. 温情的家长

在林顿园小学跟岗的第一天，我问校长，为什么每个教室都会有一两个老师在一对一地辅导学生，你们学校的教师有那么多吗？校长笑着对我说，那不是我们的老师，那些都是来学校做义工的学生家长！在澳大利亚，孩子的妈妈好多都是全职照顾孩子的，这些妈妈都会和孩子一起来学校，为学校当义工。在墨尔本的圣公会学院，就有一位热情的妈妈给我们当义务翻译。这些家长在每周固定的时间，主动到学校的图书馆做义工，帮助工作人员管理学生，整理图书。她们说，在澳洲，绝大多数家长都愿意到学校做义工，除图书管理外，有特别手艺的家长还会到学校当义务教师，教授机械、烹饪、体育、裁剪等。语言类的更多，好多家长为学校的留学生进行英语辅导，对于这些母语非英语的学生的帮助是非常之大的。这一份份热情和温情，源于学生家长对教育的执着追求和对孩子的爱，在学校、家长、老师的精心呵护下，孩子自然是健康、快乐和阳光的。

6. 启示与反思

三周的澳大利亚访问之行，欣赏了澳洲的蓝天白云、红花绿草，感受了澳大利亚人的真诚与热情，亲历了人与自然的和谐，体验了澳洲多元文化的和平共处，收获了西方一流教育的认识与理解。同时，给了我深深的启示和反思：澳洲的无教材课程设置，能把当今世界上最好最先进的理念和知识，及时灵活地通过教师的整合成为学生课堂上的教材，社会上各种不断推陈出新的知识与瞬息万变的科技发展，以及与生活紧密结合的各种新景象，都能及时进入澳大利亚的课堂，每当一种新的科技或是一个新的知识出现，立刻就会被老师引用到课堂上，让学生及时了解世界，认识世界并及时反思。而我们十年一改的教科书，相比一日千里的信息社会，效率低，速度慢，永远走在世界的后头，学习所学的知识永远无法与社会接轨。我们学生9年乃至12年的学习生活中，所掌握的只是书本上的一些知识，对于大部分学生来说，不少知识是他们在未来生活甚至是一辈子都用不着的。澳大利亚重视学生综合能力的培养，关注学生的全面发展，真正体现了教育即是生活、学校即是社会的未来教育理念。我们应该将对学生的技能培养渗透于日常的教学工作中，注重学生的全面发展，而不仅仅是知识的传授；应该重视学生良好习惯和综合能力的培养，能力培养比知识传授更重要。

（2017年4月10日）

超强的课程设计能力，成就学生的幸福童年

2017年2月26日至3月18日，在经历了半年时间的筹备，两易时间，在广东省教育厅和广东省外语艺术职业学院领导的努力下，第二批广东省新一轮中小学"百千万人才培养工程"小学名教师23名培养对象第六次集中培训澳洲培训项目，终于完成了在南澳洲21天的培训学习。从第一次时间的办证、与当地政府教育部门的沟通、协调，到第二次时间的确定，一系列组织程序走下来，作为这次培训考察的一名学员，我深感荣幸，切身体会到这次学习机会的来之不易和学院与项目办领导和老师的艰辛。在这21天的考察学习中，我们全体学员备感珍惜，在澳大利亚这个南半球最发达国家的亚德莱德和墨尔本两个城市，在专家的报告、学校领导的讲座、教师的分享、示范课的观摩，以及与学生的交流中，让我近距离地感受了澳大利亚那种形散神聚的教育理念，进一步体验了澳洲学生的幸福和教育的魅力，更深深地折服于澳洲教师对课程的设置能力和扎实的全科学科知识与能力。

1. 没有教材的习作教学

3月6日，澳洲学习培训进校跟岗的第一天，七点半钟在翻译汪老师的带领下，我们小组一行六人来到了南澳洲的林顿园小学。

林顿园小学的副校长接待了我们。走进学校，给我们的视觉冲击是学校充满生机的绿色草坪和孩子们灿烂的笑脸。因为这里学校上课都是8点50才开始，再加上澳洲日照时间长，学生们还在运动场上自由地玩耍、追逐，给我们一种轻松自然的愉悦感，完全没有我们中国一进校园就紧张严肃的那种感觉和氛围。学校的业务主任带领我们参观了整个校园。林顿园小学是澳洲教育部三年计划IB国际认证课程学校之一，全校有960人，教职员工80人，专业教育40人，35个班，这个规划在我们中国最多只能算是一个中等规模的小学，但在全

国人口只有2400万的澳洲，在人口密度每平方公里只有1人的南澳洲，已经是一个超大规模的学校了。

　　学校为我们安排好了跟岗一周的课程和年级，这天跟岗五年级的学习。因为这次培训，经过行前的培训和听南澳洲教育部官员的报告，了解到澳洲教育对各学科都有统一的教学大纲，但是并没有统一的教材，各个洲必须在教学大纲的框架内完成教学大纲规定的教学任务，可以灵活地选用自己的教材。但听南澳洲教育厅的官员介绍，阿德莱德的所有学校是没有课程设计的。每个班每位老师都必须自己设计自己学科的教学内容，没有教材，而且是主科包班教学。我很想知道，林顿园小学的老师是如何设计自己的课程进行教学的。带着这样的问题和渴望求解的疑惑，我们全组及翻译老师一起走进了五年级的教室。

　　第一节课是英语作文课。全班共有32名学生，他们分散在教室里（其实就是教室和学生的生活空间、老师的办公室），有坐在地上的，有躺在边上的，有站着的，有跪着的，反正就是怎么舒服怎么坐。老师轻声细语、娓娓道来，学生认真地听讲，并不会因为不同的坐姿而影响其他人。澳洲教育的人性化真的令人感慨，尊重学生，让学生在尊重别人的前提下学会倾听，所以老师的每一句话，学生都会听得很认真。

本真的课堂

老师通过情景剧让学生观看了小熊维妮的一个生活情节，首先让学生通过情节复述故事的发展过程，在了解过程的基础上，通过对记叙文的背景、过程、结果的理解，让学生用自己的语言表达故事中的每个环节，并对故事中的关键词进行运用，用合适的词语表达不同情境的心情、心理活动、动作等，通过这样的活动训练学生对故事中的词语的理解及应用。在此基础上，老师通过对情景剧所看、所做、所听、所想四个部分进行分解，让学生知道对于一件事的发展过程如何选择合适的词语来表达自己的心情，用什么样的动作来表达自己想做的事。最后，每一个同学用自己的语言写出情景剧中的一个部分的情节，并让每一个同学上台表演、宣读出自己所写的内容，老师不管学生写得怎么样，都是用鼓励的语言进行表扬，尊重每一个学生。在整个过程中，全班32个同学在教师引导下，学习都非常积极，认真地进行尝试，完成自己的作品，教师让每一个学生都能体验到自己成功的喜悦！

开放的教室

没有教材的教学，看似给了老师很大的空间和自由。这一节课，使我有了非常深的感受，因为没有统一的教材，而又必须完成教学大纲的任务，所以教师必须在吃透教学大纲的基础上设计自己的教学内容并完成相关的教学任务。这样，老师就必须在课前花费大量的时间进行教学课程的设计和资料的准备，把大纲的教学知识点融进自己的教学设计中，并让学生在愉悦的玩耍中达到最佳的教学效果。这是我们国家现行的教学模式必须学习的。

2. 在实践中锻炼社交能力

3月7日，第四小组五个学员继续到林顿园小学进行跟岗，安排在二年级。上课的内容是学习社交能力。

活动一：

老师安排学生选择自己喜欢的活动，并进行了相关的分工安排。学生对自己班上的活动有明确的分工，如拿iPad的学生负责给每个小组拍照。各个小组根据自己所选的内容进行自己喜欢的活动，如文学小组的学生在写作，社交小组的活动是做手工，有厨艺、画画等。拍照的同学就是小记者，两个小同学也是分工合作，一个拍照，一个写，活动开始之后，他们对各个小组的活动现场进行拍照，并准备将小组活动用一句话写出来，这样很好地培养了学生的语言组织能力，并且锻炼了他们的归纳、写作能力。

整个班分成了八个小组，自由组合，根据自己的爱好选择。同学们很有兴趣地开始了活动，二年级的学生在课堂上以生活为原型，模仿了超市的收银台、餐馆的订餐、精品店的包装、钳工的工作、橡皮泥的手工等，既培养了他们在生活中会用到的各种生活技能，又锻炼了他们的动手能力和社交能力。通过以上各项活动，让学生在活动过程中，学会尊重他人，学会倾听（订餐、前台），做事耐心（分颜色、写作）。通过手工活动，培养学生的创造力和发散思维，锻炼学生的动手能力和能动性。

活动最后，各个小组的负责人上台。小记者负责对各个小组发表评价，就是说明各个小组做了什么。接下来，全班同学对各小组的作品进行评价。这样的活动让学生学会尊重他人，尊重他人的劳动成果（没有人做数学）。最后，各个小组按自己活动的内容，还原原来的各种摆设，通过这样的活动，让学生体会自己能做的事情自己做，同时让学生学会生活中的规划和原则，进一步感受自己的责任和担当，自己要为自己的行为负责。三分钟，全体小同学把原来的一切活动工具放回原来的位置，工整、有序！这又进一步培养了学生的动手能力。

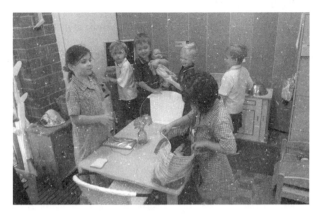
真实的活动课

开放型的课堂，开放型的课程设计，开放型的活动，培养学生开放型的思维与创造力。

活动二（社会交际的活动）：

（每天有四个小朋友跟大家分享自己的物品，如可爱的布娃娃，或是其他有来历的东西）展示自己参加家庭活动时的照片，向全班同学分享。目的是让学生学会表达，学会和大家分享自己的开心和快乐。

生1：分享一本书的来历。

生2：展示自己的玩具布娃娃，向同学们讲述布娃娃的来历和发生在布娃娃身上的故事。向同学们分享她为什么喜欢这个布娃娃，有条理地阐述布娃娃的脚受伤的经历。出示和家人出游墨尔本时拍的照片，对照片的场景、拍照时的心情都能够很有条理地进行表述。小同学的表达能力得到了很好的锻炼，运用了相当多的词语，能够很好地把控语言表述的语音语调等。当她表述完，其他小同学提出了好多问题，如布娃娃的脚是怎么弄伤的，布娃娃的眼睛是怎么搞成那样的。

同学们都在静静地倾听，很难想象出二年级的小朋友会这样自觉自律，同时，向上台展示的同学提出的问题都很有代表性，真正地体现了尊重他人。

分　享

3. 没有教材的课程学习单

在林顿园小学的第四天跟岗，课程都是安排在七年级。整个澳洲教育在各学科的教学大纲框架下，各州自行实施教学课程设计，不统一教学教材的模式。林顿园小学也是没有教材的学校，今天七年级的第一节课是单词拼写。在跟岗中我们发现，教师根据七年级的教学大纲，对全体学生2017年七年级上学期单词认写的学习任务进行了整体设计，将单词的学习规划成15个细化的学习任务单，让每个学生都可以根据自己的实际情况完成自己的学习任务。

听　课

没有教材的教学，表面上给了老师很大的教学空间，实际上是对教师提出了更高的要求，教师必须在大纲的框架下，设计自己的课程。在林顿园小学，教师基本上都是包班上课，除体育、艺术、科学等学科有专任教师外，其他科目都是班主任一个人教学，所以要求教师必须是全科型的教师。在跟岗的几天中，发现林顿园小学的教师用他们扎实的学科专业能力及高超的课程统筹能力，很好地把教学知识点渗透在教学过程中，寓教于乐，课堂气氛轻松和谐，师生关系极度融洽，老师尊重学生，把德育教育渗透在每一节课当中，培养了学生能思考、勤动手、善总结、勇创新的品质，真正做到了为社会培养人格健全、体格康健的合格公民。

　　澳大利亚的"生本位"教育理念，落实在日常的教育教学之中，处处体现在平时的教育细微之举，真正做到了"为了孩子的终身发展"。以学生的生活技能和能力发展为主要目标，关注不同层次学生的学习需求，真正做到了因材施教。教师能放手让学生参与学习的全过程，在自主合作、交流探究的过程中加强学法指导，让学生成为一个勇于探索、勤于思考、善于交流、乐于学习、全面发展的终身学习者。

（2017年3月26日）

市名师培训研修报告

汕尾名师的成长注定是一个漫长而厚实的过程。

汕尾市"1212名师培养工程"，经过漫长的五年培训时间，第六次省外（山东）研修实践活动，终于在11月5日在山东济南进行。在为期一周的培训研修实践活动中，我们共参观了4所学校，听了6个讲座，观摩了7节示范课。通过这些活动，让我深深地感受到齐鲁大地、孔孟之乡这片中国礼仪之邦发祥地厚重的文化底蕴及其对中华传统文化的传承。

第一天的活动在简单的开班典礼之后，是齐鲁师范学院副院长刘德增教授为全体学员做题为《齐鲁文化与中国传统文化教育》的讲座。刘教授阐述了齐鲁文化的发展与现在中国传统文化教育的发展过程，同时对中国传统文化的重视进行了深入精辟的分析，从孔孟之道到中国的礼仪之邦，以及习总书记十九大报告的"文化自信"均说明：文化是一个国家、一个民族的灵魂。文化兴国运兴，文化强民族强。没有高度的文化自信，没有文化的繁荣兴盛，就没有中华民族伟大复兴。让全体学员更进一步地了解了中华大地的传统文化精髓是中华五千年来龙的传人勤劳与智慧的沉淀和积累，中华民族的伟大复兴是我们共同的梦想。

6日下午，泰安实验学校校长崔成林教授从专业的角度给我们教师班做了题为《深度学习的基本内涵和实践路径》的讲座，崔教授分析了当前中国课堂改革的现状、存在的问题及对策，让我们这些在一线的教师享受了一场教学理论的精神大餐。特别是崔教授提出的"让学习发生"，使我对课堂教学过程中如何从学生的角度和思维方向，激发学生学习潜能，真真实实地让学生开启有效的"学习模式"，让学习发生，有了更深刻的理解和思考。崔教授对深度学习的内容、深度学习的过程、深度学习的目标、深度学习的本质、深度学习的根本和如何实施深度学习做了深入的分析，通过现实的案例真实地再现深度学习的效果，使全体学员更进一步地了解了深度学习的理论。崔教授高度的亲和力，让全体学员积极地参与到整个讲座过程中，在与导师的对话和互动中碰撞出思想的火花，讲座结束时，大家都感到余韵未尽。

8日下午，在山东教育大学，华南师范大学基础教育研究院培训部朱富生主任为我们全体小学学员举行了一场题为《我离名师有多远》的励志讲座。

朱主任从"一切文化皆为调心"的话题，引出了作为一个名师，如何更好地在当前的教学大环境中，以学校的办学理念为主线，经过不同时期的奋斗，经历模仿、创新、成熟、升华、超越等时期，形成自己的教学风格，把自己打造成学生喜爱、学校放心、家长信赖的接地气名教师。朱主任的精辟见解和入木三分的案例分析，使我深刻地认识到，作为一个一线教育工作者，应该如何更好定位自己的角色，什么才是自己应该可以做的，不能让社会上的诱惑冲击自己对教育事业的原始定位和初衷。听了朱主任的讲座，我相信，我会更好地规划以后的各项教育教学管理工作，不忘初心，牢记使命，坚决做到：以本色演绎角色，不以角色粉饰本色！

7日上午，在胜利大街小学，该校任小燕老师带领我们参观了学校的校园，学校从自己的实际出发，开发了自己的特色课程，以"四玩四学"为学校的办学特色，以宽基课程重构为学校的课程体系。学校王念强校长为我们介绍，学校的宽基教育体现了三个特性，即全面育人性、客观规律性、社会引领性。反映了胜利人对教育发展规律的深入思考，体现了胜利大街小学从自身实际出发对基础教育课程改革理念的理解与认同。学校实施的宽基教育核心点就是培养学生全面的素质，让素质教育真正贯穿于教育教学实践中。让胜利的师生都享有一份爱，都得到尊重，都享有发展的机会，都有个性化的追求，人人能够体验到欢乐和成功。宽基教育的基本目标是"让每个学生的个性和特长得到更好的发展，让每个胜利人感受成功的喜悦，教师和学生双向成才"。德育教育是宽基教育的基本任务，要做到德育工作制度化、德育管理网络化、德育活动系列化、德育教育生活化。学校以宽基教育作为实施素质教育的生长点，在素质教育的大潮中创出了新路子。学校以"创生"为办学理念，追求"立足宽实基础，面向多元发展"的宽基教育办学特色，把"创新型、示范性、并成为全国有影响力的品牌小学"作为胜利人的发展愿景。从养成良好习惯入手，让学生拥有健康人格，让教育与生命相连，让教育与生活相连，让教育与幸福相连。

为了更好地研究教学理念和方法，胜利大街小学的李松老师和汕尾海丰梅陇中心小学的林仲展老师分别为全体学员上了《益智课程四巧板——T字之谜》和《圆的周长》两节观摩课。李老师通过激趣，让学生在益智活动中，组成小组进行合作探究，理解了四巧板的边、角关系，掌握拼组技巧。整节课学生兴趣浓烈，全身心投入探究，老师把数学知识整合融进了教学之中，真正地做到了玩中学。林仲展老师为全体学员献上了一节比较精彩的圆的周长的概念课，学生通过对圆的周长的测量、计算，开展了对圆周长计算公式的推导，学生能很好地运用公式进行计算圆的周长，教学效果良好！

下午，任小燕老师讲授《浪漫经典，走进李白》的语文拓展课，小学二年级的学生能这么广泛深入地研究李白的资料，让我深感自己的阅读量不足。二年级的孩子，竟然能这么好地了解掌握李白的爱好、故事、生活趣事。阅读，成就孩子的梦想！学员叶美容老师也为大家奉献了一节精彩的阅读指导课《只有一个地球》，孩子们兴趣盎然，根据自己对课文内容的理解，表达出自己的想法和观点，他们真的成了一个个保护地球的小达人。

胜利大街小学，是济南经典阅读基地，传承着齐鲁大地、孔孟之乡的中华文化。我作为南粤大地汕尾红土地上的教育工作者，应该反思如何更好地传承中华文化。

8日上午，小学全体学员来到了山东省名校山东师大附小。走进山东师大附小的校园，"做最好的自己"几个亮丽的大字好像在向我们展示：山大附小永远做最好的自己。由于是山东最有名气的名校，今天到访的除了我们汕尾市名校长和名师，还有潍坊的访问团和山东师大的学生，从来访的团队和队伍的规模，就可以看出山大附小的名气。学校给我们安排了两节观摩课，一节是五年级语文《以物喻人》的作文指导课，一节是六年级数学《圆的认识》，两位执教教师扎实全面的教学能力，给我们展示了何以名校出名师的名校效应。我深深地感受到，像山大附小这样的省属直管、市属直辖、区属直导的全国名校，有资金，有平台，有理念，想不出名也不容易。

9日下午，我们来到了泰安市泰安师范附属学校进行标杆学习。由于本次学习机会来之不易，我十分珍视这次宝贵的学习机会，认真对待每天的学习和调研，全身心地沉浸在浓厚的学习氛围中，进一步完善自己的知识结构，汲取现代教育理念，加深了对数学学科本质的理解。这次学习让我站在了一个新的高度，从新的角度去理解和诠释数学教育。

今天，有幸聆听了该校刘副校长一节高质量的数学课。这节优质课体现了新课改的要求、趋势；从学生熟悉的生活场景，自然引入统计产生的过程，同时让学生在原来条形统计图的旧知基础上，进行自然的知识迁移！课堂上刘副校长特别关注学生在学习过程中所表现出来的情感、兴趣以及个性思维等方面的互动；留给学生广泛开放的思维空间，让学生真正成为情境演绎的经历者、情境意义的建构者，将学生推到学习的主体地位上，让学生成为情境展开过程中的主角，从而使课堂成为学生主体成长过程中的重要场所，使学生的自主性、能动性和创造性得到不断发展。

通过听课和学习，使我进一步认识到教学的根本任务是让学生既长知识，又长智慧，为了达到这一目的，选择的教学策略必须是科学有效的，教学过程应该是细致入微的，要经得起推敲，这便是教学智慧，是一种及时捕捉学生的思维脉络，及时进行应变的智慧。教师的教育智慧是随着教学情境的变化而变化的，没有固定的程式，课前是无法预设的。教师要有一双慧眼和一颗慧心，随时根据动态生成的教学情境，做出智慧的反映，才能真正使课堂焕发生命的光彩，彰显生命成长的价值。同时，在教学过程中渗透环保爱国主义教育，是一节非常完美的示范课！

经过一周的研修活动，汕尾市名校长名教师省外实践培训活动终于完成了所有的研修内容。10日下午，教师班进行了小组小结分享。教师班在朱富生主任的组织下，举行了一场生动、和谐而真诚的分享交流活动。

朱主任对本次活动前期工作的准备、学院领导的重视，以及山东师大对本次活动各个环节的协调和安排，做了比较详细的说明，全体学员真切地体会到学院对本次活动付出的辛勤，并都表达了情真意切的谢意！同时，对这次省外研修做了简单的小结，大家都认为，朱主任的"一切文化都是为了调心""做最好的自己""认识自己，了解自己"等理念为大家在本次研修中指明了以后的研修方面。在学校的管理方面，每个学校的办学理念，如果融入学校所有的教学活动中，形成自己鲜明的教学特色和教学风格，对每一位名师培养对象在以后的打造名师过程无疑是一笔无可估量的精神财富。

济南的冬天比汕尾要冷得多，但这次学习是大家都经历了一段漫长的等待才盼来的结果，个个都非常珍惜这个难得的学习机会。经过一周的学习，在这齐鲁大地、孔孟之乡，汕尾名师收获了一个不一样的冬天！

（2017年11月16日）

对教育人文性管理的思考

——"名师"培训有感

这次，我有幸成为汕尾市第一批"名师"培养对象，参加了"汕尾市1212工程名校长、名教师培训班"的培训。这次培训活动，得到了各级领导的高度重视，为我们创造了良好的学习机会，提供了优越的学习条件。华师大培训专家团队的专家们为我们做了精彩的讲座让我感受了名师的风采。同时，让我进一步感到自己所担当的责任和挑战。对未来的迷茫，对前景探窥的欲望，更是引发了我们深深的思考，特别是一个地区如何提升教育质量管理，在人文性管理中保证教育质量的健康、稳步、持续发展，是一个考量一届甚至是几届政府领导的远见和魄力的课题。

汕尾是一个经济严重落后的地区，政府能从捉襟见肘的财政中挤出这么一笔经费投入"名师"培训工程，说明政府对教育的重视和厚爱，有让教育先行的思路并付之行动，作为教育行政部门，如何解放思想，用科学的管理、高瞻远瞩的思路打造汕尾教育的美好明天，重点在于确立教育的人文性，通过以人为本、遵循人类的发展规律，以科学的管理提高本地区的教育质量，是一切的开始。

人力资源的开发和人的发展是现代教育相辅相成的两翼，必须在教育的功利和非功利的两种价值之间保持恰当的平衡，重视教育树人育人、文化传递、社会整合等非功利价值，防止经济主义、科学主义、能力主义、急功近利的短期行为对教育的伤害，防止教育的失衡和异化。

一些地区由于普遍存在一定的政绩工程思想，政绩工程也不知不觉地渗透进了教育这个"百年树人"的行业，出现"教育GDP思维"，使教育的发展出现了"第四个包子"现象，即一个人吃四个包子可以吃饱，当吃第四个就饱时，认为前面的三个不用吃。也就是说，很多地区的教育行政部门对于教育，只重视高考成绩这第四个包子，对于基础教育（小学、初中甚至是高一、高二）不重视，只重视高三的备考、高考。造成了基础教育一团糟的现象，小学、初中的教学质量极速下滑，对高中的生源质量产生了结构性的破坏，急功近利的短期行为对教育产生了极大的冲击和伤害。

培训期间听了扈中平教授的《教育人性化的实践性思考》讲座，我深受启发，我认为，教育是一个长效性、迟效性的系统工程，更应该从人文性的管理来提升本地区的教学质量，而不应该出现"第四个包子"现象。提升教育质量管理应着力于"过程质量"与"结构质量"

教育质量管理是一个有序的系统，有着各自的分工与策略。应从以下三个方面分析教育教学质量：

1. 从时间横断面上看质量

这是指某一时期学生个体层面反映的质量，这也是社会上最为关注的"结果型的质量"。但它不应是各科成绩的统计数据，而是关于个体学生各学科关键能力进步的分项分析。其价值在于反映学生的学习状态，它需要教师用"过程时态"的眼睛和"发展分析"的态度来研究。

2. 从质量形成的过程来看质量

学校教学质量形成的根本是学校教学过程的扎实有效。影响学校教学过程的因素有很多，如学校的生存状态、学校教学工作的状况、教师的工作精神和教学素质、对教育教学过程的评判和调控等。这一系列发生在基层学校"质量战场"上的工作，必须尊重规律，必须凝聚全体老师的斗志和智慧。从学校管理方面来研究教学质量的形成和影响教学质量的因素，所关注的是"过程型的质量"。

3. 从教育发展的宏观视角看教育质量进步的潜力或危机

影响教育质量的绝不只是学校层面的努力，教育发展的结构规划及师资队伍等可持续发展力的培育问题，是事关教育质量进步或危机的重要因素。而且，这些要素的最大特点是具有一定的迟效性。我们可能不会马上看到某一决策的影响，但在三五年后我们可能会为之困扰或是有所得益。思考提高教育质量能否有"结构性"和"持续性"这两个层面，是教育管理决策层对教育教学质量的责任。从区域教育发展（宏观层面）研究质量所关注的是"结构性的质量"。

我们不可以一叶障目地观察和理解教育质量问题，也不可"头痛医头、脚痛医脚"，急功近利地去应对。教育行政部门、学校、教师在教育质量管理中的作为方式是不同的。

地方政府和教育行政部门的着力点应该在"结构质量"。要通过学校规划与结构调整，包括队伍结构与校长使用等工作机制，形成良性的工作结构，真正把优化教育结构作为行政的重要责任。

地方教育业务部门与学校的着力点应该在"过程质量"。要建立尊重学科特点的教育教学常规，建立常态教育教学的视导体系，通过规范教育教学行为，以及改进教育教学过程，帮助教师克服"重教轻学"的积弊，促进学生有效学习。今天的教师所缺乏的，不是源自横向比较的鞭策，而是理解、帮助与激励。横向比较的加剧，只会促使日常的教与学的异化，使教与学的过程走向教育的反面。

确立以人为中心、以人为本的教育价值观念，围绕青少年生长的实际需要，进行民主的教育、活的教育、有用的教育，以培养具有良好素质的现代社会合格公民，使教育成为社会文明和道德的灯塔，成为文化传承和创新的源泉，是我们教育工作者最起码的责任和良知。

（2013年11月28日）

汕尾市"名师班"第五次研修工作总结

"雄关漫道真如铁，而今迈步从头越"。就是这样的一个个群体，一幅幅画面，构成了汕尾市"名师班"无比美丽的研修风景。时光如水，匆匆太匆匆，三天的相聚很快结束了，回忆这段研修的日子，感慨颇多。在这片属于我们汕尾本土的天空里，倾听了三位老师的优质课堂，参与了民主的评课，也投入了精彩纷呈的课题研讨……研修让我真正意识到自己的渺小与孤陋寡闻，也激发了我对教育事业更加真实的热爱。在这里我们可以畅所欲言，解惑释疑，领略了各位同人激烈的讨论，倾听一线教师的无数心声。同时，我有幸结识了众多专家，让我感慨颇深，受益匪浅。通过这次研修，我的基本素养和业务综合能力得到了极大的提高，对于我今后的发展起到了积极的促进作用，对教育教学工作也有了一种新的理解。

作为区教研员，我认为教研员不仅应该具备扎实的专业知识，还应具备丰富的文化知识。无论做什么研究，都必须以专业基础知识为基础。新课程的教育理念要求教师拓宽教学领域，开发和挖掘教育资源，在教学过程中注重师生互动，促使学生自主学习，主动收集学习资料，质疑读本，敢于探讨等，都迫使教师必须具备广博的文化知识，以适应新的学习方式。作为教研员，在文化知识上要高于教师，要改变原有的知识结构，要不断更新知识，只有保证自己知识库存的充足与新鲜，才能保证自己的教研工作与时代同步。

研究是教研员的职责之一，但是在新课改的进程中，教研员更应具备强劲的研究能力。新课改的教学内容变化大，教学形式灵活多样，教学手段和技术现代化，学生的主体性学习增强，种种变化给教研员的教研工作增大了研究难度，扩大了研究范围。另外，新课程为教师留有广泛的发挥空间，要求教师成为研究型教师，这又给教研员指导教学工作增加了研究难度。因此，教研员要面对多方面的挑战，必须具备强劲的研究能力，才能胜任新时期的教研工作。

最后，教研员必须具备较强的组织与交际能力。本人有幸成为汕尾"名师班"二班班长及小数信息工作室室长，这就要求我除了做好本职工作外，还必须是班主任的得力助手，以及小数信息工作室的领头人，这很好地锻炼了我的组织与沟通能力。在日常工作中，教研员具有服务的性质，尤其在课程改革的进程中，教研活动频繁，工作量增大，需经常深入基层学校，经常开展教研活动，没有较强的组织能力和沟通能力，很难使教研工作富有成效。现代教研员的组织能力和沟通能力，应更真实地体现人性化。教研员与基层学校领导和教师的关系不应仅仅是组织关系，而应当是平等、和谐、合作的关系。这样，才能使教研员的工作具备亲和力和凝聚力，才能产生事半功倍的工作效果。

培训学习虽然快结束了，但我知道有更重的学习和工作任务在后面，思想在我们的头脑中，工作在我们的手中，坐而言，不如起而行！路虽远，行则将至；事虽难，做则必成。让我们借研修的东风，重新树立终身学习的观念：为做一名合格的教育工作者努力学习，为培养出更多创新人才努力工作。

（2015年6月26日）

品紫茶之香，练鹰之搏击

——名教师跟岗总结

按照汕尾市名教师培养对象的培训计划，第二阶段是进行跟岗学习，根据广东省华南师范大学教育培训学院的安排，我们6名市名教师培训对象和6位省骨干教师一起，来到广东省江门市，相聚"中国名校"江门市紫茶小学，在"广东省丁玉华教师工作室"跟随丁玉华导师进行为期15天的学习。在这短暂而又"漫长"的15天里，在这充电加油的"加油站"，所有学员一起学习，一起欢笑，经历了汇报课、读书报告会、送教下乡、上课磨课、课题研究、专题讲座等集教学、课题研究于一体的教育教研活动，使自己得到了长足的进步和提升，正如丁老师说的"人生就像高压锅，压力大了，自己也就慢慢地熟了"。充实而又忙碌的15天，让我享受了学习的快乐，分享了同学们磨课中精彩的快乐，也品尝了评课中的失败痛苦。学员们心灵的零距离交流，教学技能的互相切磋，教学观点的尽情表达，产生了心与心的碰撞与交流，撞出了共鸣，磨出了好课，让我们更新了理念，开阔了视野，受益匪浅。跟岗学习，我们"累"并幸福着。

1. 蕾绽飘香相约紫茶

2014年12月15日，我们6名汕尾名师培养对象，怀着激动的心情，迎着瑟瑟的寒风，走进了"中国名校"江门市紫茶小学，开始了为期15天的"广东省丁玉华教师工作室"跟岗学习活动。工作室主持人丁玉华老师是全国首届新世纪小学数学杰出人才发展工程高级研修班"优秀学员"，教育部新世纪年度表彰"优秀教师"，广东省"百千万人才培养工程"名教师培养对象，广东省数学骨干教师，江门市基础教育系统"学科带头人"，江门市"建功立业女能手"，江门市"优秀教师"，江门市小学数学教育专业委员会理事，蓬江区"教学指导团导师"。作为一名小学数学教研员，专业的引领是自己的本职工作，一直以来，我盼望着能跟上名师，带领自己在教育教学、课题科研上不断地进步，现在终于如愿以偿，我将好好珍惜这次跟岗学习的机会，在丁老师的工作室这个加油站，为自己加油充电。

"广东省丁玉华教师工作室"成员周燕老师热情地带领全体学员参观了学校的校园，紫茶小学深厚的文化底蕴和以人为本的人文管理，凸显了紫茶小学领导班子超前睿智的管理理念，给我留下了深刻的印象。在周老师的主持下，"丁玉华教师工作室"的全体学员参加了这一期跟岗活动的开班典礼，学校区校长致辞，余校长、谭校长分别做了热情洋溢的讲话，使我们全体学员备受鼓舞。开班后，丁老师为我们全体学员布置了本次活动的工作计划和要求，按计划要求，我们将在丁老师的带领下，和全体学员一起，完成备课、上课、磨课、汇报会、课题研究、送教下乡等活动。我们将以百倍的信心，完成这一次名师跟岗活动。

2. 名师传经学子磨砺

16日，在丁老师的精心安排下，跟岗的全体学员分别到一所学校上一节汇报课。这是一节每位学员都要充分准备的常态课，也是汇报课，目的在于让工作室主持人对各人的教育教学能力、教学功底进行把脉诊断。学员们在所分派的学校进行了上课和评课议课，听课教师都进行了中肯、富有建设性的点评。我的汇报课是小学数学五年级上册的数学广角《植树问题》，这原来是四年级下册的教材，由于新版教材的调整，调到了五年级上册，这样就使现在五年级的学生重复地学习了两次。为了让学生有新鲜感，从而调动学生的学习兴趣和积极性，我借用了四年级的学生来完成这个内容的教学任务。课堂上，江华小学四（7）班的学生思维敏捷，小组合作积极，自主探究的能力突出，整节课互动热烈，师生在和谐、活跃的气氛中完成了教学任务。我更要感谢四（7）班小同学和我的配合，让我顺利地完成教学任务。同样，林晓娜老师、周谷琪老师两位学员也很好地完成了《梯形的面积计算公式》和《扇形的认识》两节汇报课的教学任务。上完三节课，江华小学数学组的听课老师、上汇报课的三位工作室学员和陈艳雪主任在江华小学林小燕主任的主持下，开展了评课、辩课活动，各位老师各抒己见，进行了中肯、有建设性的评课，他们这种认真负责、毫无保留的工作态度，让我又一次地感受到，一个积极向上、全身心为了教育事业、为了学生发展的优秀团队，才是一个学校蒸蒸日上的最根本的保障。

同样是一节《植树问题》内容的课，工作室主持人丁玉华老师的《植树问题的再认识》彰显了名师的风采和高超的教学能力和水平，让我明白了自己与名师之间的差距。丁老师把植树问题这个学生已经在四年级学习过的"旧"知识，根据学生的认知规律和年龄特征，对教材进行二次整合，使学生对植树问题这个曾经学习过的内容，既不觉得炒冷饭，又能对它进行再认识，达到了对该知识点更高层次的理解和升华。

这一节示范课，丁老师充分发挥了她扎实的数学专业知识和教学基本功，利用绳子打结这个再平常不过的生活实例，从学生身边的数学问题直接引入课题，通过引导学生进行猜想、验证、体验来激发学生的学习兴趣，提高他们的学习积极性，构建了一一对应的数学模型，渗透了化繁为简的数学思想。课堂上，丁老师和学生那种民主、平等、和谐、共鸣的课堂气氛，让听课的每一位学员赞叹不已。丁老师深厚的教学功底，精湛的驾驭课堂的能力，对学生总有那么强烈的驱动力，学生热情、投入，敢于表达，课堂上不时地闪烁着学生智慧与心灵碰撞的火花，学生在身心愉悦的气氛中学会了解决问题，真正体会到数学不是枯燥无味的。

从丁老师的课堂教学中，我真正地体验到了课堂是学生的"学"堂，而不是老师的"讲"堂，要上好一节好课，应该做到准备充分，不仅要备教材，更是在备学生，一节无视学情的课，是失败的。只有做到对"教""学"两个字了然于心，才能在课堂上挥洒自如，还课堂给学生，让学生在民主、和谐、平等、合作探究的气氛中完成教学目标，达到最佳的教学效果。

这次跟岗，为了上好"送教下乡"的每一节课，每位学员都认真地听课评课，特别是李见娣、彭晓燕、罗小红、汤锦雪四位老师，更是辛苦地修改每一次大家听完后的意见和建议，尽量把每一个细节都了然于心。就这样，在导师丁老师的引领下，在全体学员共同的"修""磨"中，她们四位学员都很好地完成了送教任务，受到听课老师的一致好评。正如丁老师说的一句话，好课是"磨"出来的。

3. 专业引领课题破冰之旅

在本次跟岗中，工作室主持人丁玉华老师为工作室学员和平山小学的数学老师开设了题为《化茧成蝶——小学数学教师专业成长之路》的教师成长专题讲座。丁老师通过两个例子，让我进一步明确了作为一名教师应该具备哪些素养。聆听丁老师的讲座，特别是《鹰之重生》的视频，深深地震撼了我的心灵，丁老师提出了三个问题让我们思考：①教了这么多年的书，你是越教越聪明，还是越教越愚蠢？②做了这么多年的老师，你是越来越幸福，还是越来越痛苦？③你对你所教的这门学科，越来越有兴趣，还是越来越乏味？从教师专业成长的长远着眼，给了我们一些无法回避的思考，对我启发很大，让我获益良多，它将会陪伴我在以后的从教路上，且教且思考！

讲座中，丁老师还就数学教师怎样进行反思型研究提出了自己的见解。她指出：要进行反思和研究，一是要读书、读课和读人。①关于读书。丁教师说，要经常思考："昨天教完的书，你反思了吗？今天看过的书，你消化了吗？明天需要的书，你阅读了吗？"谈及读书的方法，她说："重要理论反复学，紧扣一点儿深入学，拓开视野广泛学。"读书的内容："重要的课程资源、先进的教育理念、成功的教学策略……"她还给老师们介绍了一些适合小学数学教师阅读的书目，这些书目既有理论方面的专著，又有实践操作层面的书籍，可以说得上是一顿知识的盛宴。②关于读课。丁老师认为，首先要会"看课"——学习、移植、组装，要"摒弃照搬照抄式的学习借鉴；警惕'画虎不成反类犬'的情况；学会独立思考，拒绝盲目推崇；审视自我特性，避免东施效颦"。其次要"听课"——聆听、过滤、吸收，听课关注点：执教者是怎样理解和处理教材，用好和用活教材的？再次是"上课"——实践、反思、提升。她指出一堂好课必须具备以下五个特征：扎实、充实、丰实、平实、真实。③关于读人。丁老师说，读人要研读他的大气，品读他的才气。二是要积淀、酝酿和超越。她提出的方法是"摘抄""写稿"，要做个研究的有心人，做到站在别人的肩膀上超越别人！

通过聆听丁老师这次有独到见解并发人深省的讲座，让我更进一步地了解了丁老师的睿智和不平凡的成长历程，也深深地激发了我对一个且耕且读的"耕读者"型研究者的膜拜。

课题研究是我们本次跟岗的核心内容，工作室有幸请来了华南师范大学教育科学学院课程与教学系副教授、硕士研究生导师曾文婕博士，为我们工作室12名学员申报的课题进行把脉和指导，曾博士用她敏锐的洞察力和渊博的专业知识，对我们每个课题进行了把脉，高度严密的逻辑分析，精准到位的内容点评，使我们每个学员对自己的课题的内容、研究方向、研究方法、研究思路、研究成果等有了更清晰的理解。研讨会上，曾博士提出了五个问题：①我要做什么？②我为什么做？③别人做得怎么样？④我准备怎么做？⑤如何检测我做得怎么样？这五个问题为我以后在指导全区教科研的工作提供了一个宝贵的模式，对我专业发展指明了方向。特别是曾文婕博士精准的点评、高超的总结概括能力，更是让我受益良多。

我深深地体会到，作为一名教师，不能仅仅成为"教书匠"，还应是一名"科研型教师"。只有这样的教师，才符合新时代的要求、新课程的要求，而开展课题研究，就为我们提供了这样的平台，为我们搭建了专业成长的梯子。我应该更努力地学习教研科研的专业知识，不断提升自己的业务水平，加强自己在科研方面的能力，让自己在科研的路上越走越宽，努力让自己成为一名"科研型教师"。因为，科研永远在路上！

15天，我们收获了喜悦，分享了美味的心灵鸡汤；15天，我们一起经历了磨炼，共同沐浴同学之间的关爱与互助。在短短的360小时里，通过名师的指导和引领，我在观念和能力上得到了更新和提升。在以后的教育教学工作中，我将以名师为榜样，不断学习，不断提高自己的业务能力，在自己的岗位上，用好自己的平台，施展自己的工作才能，为提高全区的教育教学质量贡献自己的力量。

（2015年1月6日）

超越自我成就更好的自己

——广东省钟晓宇名师工作室跟岗总结

2016年9月18日，我们数学6人组在毛毛细雨中走进东莞市长安中心小学，走进广东省名教师钟晓宇工作室，开始了广东省新一轮"百千万人才培养工程"小学名教师培养对象的第四期名师跟岗学习之行。长安中心小学也是中国小学数学大师、特级教师吴正宪教师工作站——长安分站。

工作室主持人钟晓宇校长是广东省小学特级教师，省、市两级的工作室主持人，是一位教学风格突出、教学理念先进、管理能力超强的学科带头人和校长，长安中心小学在她的管理和带领下，以"在文化陶冶中优雅·智慧·幸福"为核心，打造"艺·慧"教育品牌和特色，以实现长安镇中心小学教育现代化、优质化、信息化、多样化、国际化为目标，使学校成为长安和东莞基础教育的"中心"。创造适合儿童发展的教育环境，创建师生幸福成长的理想校园，从而为每一个学生拥有美好的童年服务，为每一个学生拥有幸福人生奠基；希望每一位老师都能享受工作的快乐和成长的幸福，并将自己的这一份幸福和快乐传递给学生；希望学校能成为师生快乐体验、享受成功的乐园……

钟校长介绍说，为更好地打造社会认可的品牌，学校努力构建"艺·慧"课程体系，倡导"尊重差异、赏识个体、开放教育、多元发展"的教育价值观；保护和培养每一个学生的学习兴趣；充分调动每一个学生的学习积极性；开发和培育每一个学生的学习潜能和特长，让每一个学生愉快学习、幸福成长；培养具有"中心"特质的多彩阳光少年：阳光自信、举止优雅、知书达礼、个性张扬、乐于思考、善于表达、喜于动手、勇于探索、国际视野。让每一个学生，即使不是一颗星星，也是一只萤火虫，有亮点，有起点，有支点，有发展的方向，有行动的轨迹。

钟校长为我们上了示范课《两位数乘两位数》和《走向生态的儿童数学教育》。钟校长高超的教学艺术和对教学一丝不苟的精神值得我们全体学员学习，驾驭课堂的能力让我们看到了广东名师的风范和水平。

19日下午，广东省外语艺术职业学院的凌征强教授、周向军主任、金一强博士三位导师亲自来到长安中心小学钟晓宇工作室，指导我们的跟岗学习工作，金一强博士还为全体学员分享了现在国内最前沿的信息技术的相关信息。

在一周的跟岗学习中，全体学员都按工作室的安排，上好汇报课。我自己为全体学员和钟晓宇工作室的市、镇两级学员上了《植树问题》汇报课，做了《新课标下教师的角色定位》的专题讲座。其他学员也上了示范课和讲座。刘占双老师的示范课《长方体的认识》、高红妹老师的示范课《年、月、日》、王金发老师的示范课《百分数的意义》、陈晓燕老师的示范课《轴对称》、吴燕娜老师的示范课《鸡兔同笼》，充分展示了学员们的名师风采。刘占双老师的《"长方体的认识"教学实践与反思》、吴燕娜老师的《例谈培养学生基本数学思想的策略》、陈晓燕老师的《小学数学课例研究教学价值之定位与思考》、高红妹老师的《对比香港、内地教材，优化计算教学》、王金发老师的《实践性反思，教师专业成长之路》和工作室导师姚铁龙老师的《好题是怎样炼成的》等专题讲座，有高度，有时代气息，从引领教育教学工作的学科核心素养、学科价值导向、教师角色定位等角度给工作室的所有成员带来了新鲜的思想，从大家的课例和讲座中，我深深地体会到，在教育教学的大道上，我还有许多需要学习的东西，教育没有终点，教育人永远在路上。

23日上午，工作室全体学员参观了长安实验小学，参加了镇慕课展示活动，进一步体验了信息技术在现代教育教学中的作用和发展信息技术的必要性。

紧张有序的跟岗学习结束了，虽然只有很短的一周，但是，在导师钟晓宇校长的指导和学员的帮助下，我的教学理念得到了更新，思想得到了升华。我在课堂中反思，在讲座的启发中激动，深深地明白作为一名一线教育工作者，只有不断地超越自己，才能更好地培养自己，才能成就更好的自己。

（2016年9月30日）

5 >>

教坛初耕

第五篇

《圆的周长》教学设计

【设计理念】

本节课学习的内容是"圆的周长"，借助学生已有的学习经验，根据对"圆周长意义"的理解，立足于学生的亲身体验和自由表达；"圆的周长计算公式"的建构先从学生动手测量圆的周长开始，再到探索圆的周长和直径之间的关系，整个过程突出开放性和探索性，充分发挥学生的主体作用，从始至终让学生全方位参与；通过学生大胆猜想、动手操作、自主探索、讨论交流、统计分析，在充分感知的基础上，发现圆的周长和直径之间的关系，认识圆周率的含义，得出计算圆的周长的公式。整个探究过程充分发挥学生的主体性，培养学生独立思考问题的能力及获取知识的能力，使学生在学习中获得成功感，树立学习数学的自信心。

【教学内容】

人教版义务教育课程标准实验教科书数学六年级上册第62—64页的内容。

【教材分析】

本节课的内容是在三年级上册学习了周长的一般概念，以及长方形、正方形周长计算的基础上进一步学习圆的周长计算。教材在编排上加强了启发性和探索性，注重让学生动手操作，使学生在实践活动中通过交流、思考来探究圆的周长的计算方法，逐步导出和掌握计算公式。

【学情分析】

新课标指出："数学教学活动必须建立在学生的认知发展水平和已有的

知识经验基础之上。"通过前面的学习，学生已经掌握了周长的一般性概念，以及长方形、正方形的周长计算方法，这为认识、概括、归纳圆的周长提供了知识基础。教学时以学生原有的经验和知识为基础，通过知识迁移，使学生处于自主探索知识的最佳状态，经历动手操作、自主学习、探究发现的过程，形成知识技能。

【教学目标】

1. 知识与技能目标

使学生直观认识圆的周长，知道圆周长的含义，通过圆周长的测量方法、圆周率的探索、圆的周长计算公式的推导等教学活动，培养学生观察、猜测、分析、抽象、概括、动手操作的能力和解决简单的实际问题的能力。

2. 过程与方法目标

通过摸一摸、动手操作、猜想验证等方法使学生亲历整个探索知识的过程，从而掌握圆周长计算的由来和相关知识。

3. 情感态度与价值观

通过介绍我国古代数学家祖冲之在圆周率方面的伟大成就，对学生进行爱国主义教育，激发其民族自豪感，培养其创新精神及团结合作精神。

【教学重点】

让学生利用实验的手段，通过测量、计算、猜测、验证等过程理解并掌握圆的周长计算方法。

【教学难点】

理解圆周率的意义。

【教学方法】

引导探究、动手实践、实验猜想、自主学习。

【教具准备】

多媒体、圆片、直尺、计算器、记录单。

【教学流程设计】

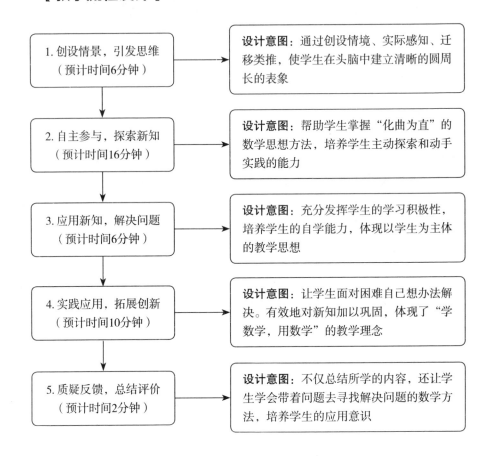

1. 创设情景，引发思维 （预计时间6分钟）	**设计意图**：通过创设情境、实际感知、迁移类推，使学生在头脑中建立清晰的圆周长的表象
2. 自主参与，探索新知 （预计时间16分钟）	**设计意图**：帮助学生掌握"化曲为直"的数学思想方法，培养学生主动探索和动手实践的能力
3. 应用新知，解决问题 （预计时间6分钟）	**设计意图**：充分发挥学生的学习积极性，培养学生的自学能力，体现以学生为主体的教学思想
4. 实践应用，拓展创新 （预计时间10分钟）	**设计意图**：让学生面对困难自己想办法解决。有效地对新知加以巩固，体现了"学数学，用数学"的教学理念
5. 质疑反馈，总结评价 （预计时间2分钟）	**设计意图**：不仅总结所学的内容，还让学生学会带着问题去寻找解决问题的数学方法，培养学生的应用意识

【教学过程】

（一）创设情景，引发思维（预计时间6分钟）

1. 创设情境

同学们骑过自行车吗？

屏幕动画演示：男同学绕着正方形草坪骑自行车，女同学绕着圆形花坛骑自行车，如果同样骑一圈，猜一猜：谁骑的路程多一些？

2. 知识迁移

想要知道谁骑的路程多一些，就得知道两名同学骑一圈分别有多少米，男同学骑一圈大约有多少米，实际上就是求这个正方形草坪的什么？什么是正方形的周长呢？怎样计算正方形的周长呢？（得出：正方形的周长与它的边长有关系，周长是边长的4倍。）

要求女同学骑一圈大约有多少米，实际上就是求圆的什么呢？那什么是圆的周长？又怎样计算圆的周长呢？这节课我们就一起来研究圆的周长的有关知识。（板书课题）

3. 认识圆的周长

让学生拿出自己的圆形学具，摸一摸，说一说什么是圆的周长。

课件演示：圆的周长，并出示圆的周长概念。

设计意图：在直观的动画情境中，巧妙地以正方形周长的概念进行知识迁移，类推出圆周长的概念。通过创设情境、实际感知、迁移类推，使学生在头脑中建立清晰的圆周长的表象。

（二）自主参与，探索新知（预计时间16分钟）

1. 测量圆的周长

（1）出示铁环和直尺：圆的周长可以用直尺直接测量吗？为什么？圆的周长是曲的，那有没有办法把它变直呢？

用手比画截断拉直：同学们想象一下，断了以后，它会变成什么呢？

屏幕演示：化曲为直再化直为曲。把圆这条曲线切断展开拉直以后，它就变成了一条线段。这条线段的长就是圆的周长。得出：圆的周长虽然不能用直尺直接测量出来，但是可以用展开的方法，通过"化曲为直"，测量出线段的长，就可以知道这个圆的周长。（板书：化曲为直）

（2）出示圆片：这个圆的周长要展开就很麻烦了，我们可以用什么方法也化曲为直测量出它的周长呢？看谁最聪明！（预设：用线去绕）师生合作用绕线的方法测量圆的周长。得出：用线绕圆一周以后，把线拉直，线的长就是圆的周长，这种绕线法同样可以化曲为直。

同桌两人相互合作，用绕线的方法测量出一个圆片的周长，精确到0.1厘米，并把结果填写在记录单上，如下表所示：

测量圆的周长记录单

物体	直径	周长	
1号圆			
2号圆			

（3）（出示直尺和圆片）测量圆的周长还有其他的方法吗？（预设：把圆放在直尺上滚动一周）

设计意图：通过层层设疑，不断给学生造成思维冲突，从而激发学生思考、发现方法。"用直尺直接测量不方便——化曲为直——直接地化曲为直有困难，间接地化曲为直有局限性，需寻找一般化方法"的过程中，通过一个个矛盾的设立和解决，既帮助学生掌握了"化曲为直"的数学思想方法，又培养了学生主动探索和动手实践的能力。

动画演示：在圆上取一点做个记号，并对准直尺的零刻度线，然后把圆沿着直尺滚动，直到这一点又对准了直尺的另一刻度线，这时圆正好滚动一周。圆滚动一周的长就是圆的周长。

同桌合作，用滚动的方法测量出另外一个圆片的周长，结果精确到0.1厘米，并填写在记录单上。

（4）在黑板上画一个圆：你们会测量它的周长吗？真的吗？谁再来试试。（预设：学生可能用线绕黑板上的圆。）有什么感觉？那你可以把它搬下来滚动呀！这就说明用绕线和滚动这两种方法测量圆的周长，存在一定的局限性。因此，需要我们寻找一个一般化的方法求圆的周长。

设计意图：多媒体动画演示"化曲为直"的过程，进一步发展学生的空间观念。

2. 引导发现圆的周长与直径的关系

（1）观察发现：（出示几组记录单观察）这些记录单，发现了什么？（预设：圆的直径短，它的周长就短；圆的直径长，它的周长也就长）这就说明圆的周长肯定与圆的什么有关系？

屏幕显示：圆的周长与直径有关系。

（2）引导探究：圆的周长与直径到底有什么关系呢？四人小组分工合作，测量一个圆片的直径和周长，并计算出几组周长与直径的比值，得数保留两位小数，把数据填写在记录单上，如下表所示：

测量圆片的直径和周长记录单

物体	直径	周长	周长与直径的比值
1号圆			
2号圆			
3号圆			

小组汇报，展示结果。

从小组汇报的数据中，发现了什么？（预设：周长与直径的比值都是三点几）这说明圆的周长与直径的比值存在一定的规律。在我们所测量的这些圆中，每一个圆的周长都是它直径的3倍多一些！再看屏幕上大小两个圆，它们的周长与直径的关系是怎样的？

屏幕演示：用每个圆的直径分别去度量它们的周长。引导学生观察，得出：不管是大圆还是小圆，每一个圆的周长也是它直径的3倍多一些。如果换成其他的圆来度量或计算，它们每一个圆的周长还是它直径的3倍多一些。可以用一句话来概括圆周长与直径的关系。

屏幕显示：圆的周长总是它直径的3倍多一些。

设计意图：教学遵循不完全归纳法的过程，通过"是""也是""还是"三个层次，让学生在充分感知的基础上发现圆周长与直径的关系，得出"总是"的结论。学生在观察思考、既合作又分工的操作测量计算及小组交流等不同学习方式的交互运用中，主动地投入了知识规律的形成和发现过程。

（3）自学课文，学习圆周率的有关知识。进一步明确：任意一个圆的周长与它的直径的比值是一个固定的数，叫作圆周率，用字母 π 表示。

课件播放：圆周率的历史资料，了解中国人引以为荣的历史：《周髀算经》和古代数学家祖冲之在这方面的伟大成就。

设计意图：生动的多媒体动画有效地突破了教学难点，激起了学生的积极思维。同时，通过圆周率的资料介绍，让学生产生一种自豪感，在潜移默化中受到了一次思想与情感上的熏陶，激发民族自豪感。

3. 计算圆的周长

（1）指着黑板上的圆：现在能知道这个圆的周长是多少吗？只要直接测量出它的什么就可以了？知道了直径该怎样求圆的周长呢？（预设：用直径乘

圆周率，因为圆的周长÷直径=圆周率，所以圆的周长=直径×圆周率）板书公式并教学用字母表示公式：

$C = \pi d$。

屏幕显示：$d = 2$cm，会求这个圆的周长吗？学生尝试解答，全班订正。

（2）屏幕显示：$r = 1$cm，怎样求这个圆的周长呢？根据直径与半径的关系得出：$C = 2\pi r$。学生独立完成，同桌互评。

（3）屏幕显示：计算这两个圆的周长，$d = 3$dm，$r = 2.5$dm。

订正时，针对"$2 \times 3.14 \times 2.5$"怎样计算简便一些，指出在平时的计算中，可运用学过的乘法运算定律使计算简便些。

设计意图：通过让学生思考、分析，发现并总结规律，使学生学会学习的方法。

（三）应用新知，解决问题（预计时间6分钟）

出示例1（屏幕显示）第一个问题。

学生自主完成，全班订正。

屏幕动画演示：要求绕花坛一周，车轮大约转动多少周，还需要什么条件？可以怎么做呢？

生尝试解答，教师讲评。

（四）实践应用，拓展创新（预计时间10分钟）

1. 基础练习

（1）一个圆的直径为5cm，它的周长是多少厘米？

（2）一个圆的半径为5cm，它的周长是多少厘米？

同桌互评。

2. 判断题

（1）$\pi = 3.14$。　　　　　　　　　　　（　　）

（2）圆的周长总是直径的π倍。　　　　（　　）

（3）大圆的圆周率大于小圆的圆周率。　（　　）

学生讨论交流。

3. 屏幕显示：课始的片段

同样骑一圈，谁骑的路程多一些？如果正方形草坪的边长和圆形花坛的直径都是30m，能猜出谁骑的路程多一些吗？

学生尝试解答，再交流。

4. 拓展延伸

屏幕动画演示：小狗沿着大圆跑，小兔沿着两个小圆绕8字跑，谁跑的路程近？为什么？

设计意图：始终把学生放在学习的主体地位，让学生面对困难自己想办法解决。练习题设计目的明确，层次清楚，有效地对新知加以巩固，体现了"学数学，用数学"的教学理念。

（五）质疑反馈，总结评价2分钟

总结：通过这节课的学习，我们掌握了哪些知识？以你们的经验，生活中还有哪些类似圆周长的实际问题？

设计意图：这样不仅总结了所学的内容，还让学生学会了带着问题去寻找解决问题的数学方法，培养学生的应用意识。

【板书设计】

圆的周长

任意一个圆的周长与它的直径的比值

化曲为直　是一个固定的数，叫作圆周率，用字母 π 表示。

$C = \pi d$ 或 $C = 2\pi r$

（该教学设计于2014年1月获广东省教育研究院举办的广东省义务教育数学优秀设计评选一等奖）

《比例尺的应用》教学设计

【设计理念】

《比例尺》是小学六年级数学下册第三单元《比例》中的内容，属于比例的应用，分为三个要点：一是比例尺的认识；二是比例尺的应用（一），即会利用有关条件求出图上距离或实际距离；三是比例尺的应用（二），即会利用比例尺有关知识进行作图。本教学设计围绕第二个要点展开。根据有关条件求图上距离或实际距离既是比例尺知识中的重点，又是本单元比例的应用重点，课本以例2来介绍求实际距离的方法，即用比例解的方法。虽然比较单一，但个人认为应旨在以点带面，使学生学会举一反三，提高学生分析问题、解决问题、形成方法的能力。

【教学内容】

《义务教育课程标准实验教科书·数学》六年级下册第50页例2，第54页习题4、5、6。

【学情分析】

学习本课时之前，六年级的学生已学习了第三单元前面的知识，如解比例、正比例和反比例的意义、比例尺的意义、种类和求法。

【学习目标】

知识技能：使学生学会根据有关条件求出图上距离或实际距离，进一步加深对比例尺的理解。

数学思考：引导学生寻求解题的有效方法，锻炼数学思想，形成数学方法。

　　问题解决：体验数学与生活的联系，经历用比例方法和算术法求图上距离或实际距离的过程。

　　情感态度：培养学生仔细审题、探究合作、细心计算及复查的良好学习习惯。

【教学重点】

1. 准确判断求图上距离或是实际距离。
2. 如何利用比例法和算术法进行解题。

【教学难点】

体会用比例解的一致性，并形成方法。

【教学方法】

引导探究，适时点拨，形成方法。

【教学准备】

地图、课件等。

【教学流程设计】

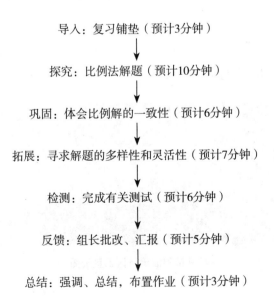

导入：复习铺垫（预计3分钟）

↓

探究：比例法解题（预计10分钟）

↓

巩固：体会比例解的一致性（预计6分钟）

↓

拓展：寻求解题的多样性和灵活性（预计7分钟）

↓

检测：完成有关测试（预计6分钟）

↓

反馈：组长批改、汇报（预计5分钟）

↓

总结：强调、总结，布置作业（预计3分钟）

【教学过程】

（一）复习导入，做好铺垫（预计3分钟）

教师利用课件出示下列复习题：

1. 34km=（　　　）cm　　　　　　　　550000cm=（　　　）km

2. 什么是比例尺？

3. 比例尺的书写格式是怎样的？

4. 当比例尺一定时，（　　　）与（　　　）成（　　　）比例关系。

设计意图：上面4道复习题，分别是名数改写、比例尺意义、成正比例关系三种类型，由浅入深，为新课的学习做好铺垫。提问时要顾及下层生、中层生和上层生，面向全体，调动学生学习热情。

（二）学习新知：探索用比例解方法求图上距离或实际距离（预计10分钟）

1. 教师设疑

上节课我们学习了比例尺的意义、种类及求法，如果告诉你一幅图的比例尺，甲、乙两地的实际距离，你能求出在这幅图上甲、乙两地的图上距离吗？（板书课题，明确课堂学习方向，请两名学生说说自己的看法）

2. 课件出示

教师利用课件出示从网络上搜到的卫星云图，让学生指出所居住的镇和城区。

出示问题：马宫镇与汕尾城区相距大约15km，在比例尺是1∶100000的汕尾地图上，它们相距大约多少厘米？

马宫镇和汕尾城区卫星云图

设计意图：马官镇和汕尾城区是学生所生活的镇、区，用学生所熟悉的区域来设计题目，贴近生活，激发兴趣。

3. 引导学生仔细审题，明确条件与所求

学生汇报，教师板书：已知实际距离和比例尺，求图上距离。（突出本课学习重点）

教师激疑：我们知道，当比例尺一定时，图上距离与实际距离成正比例，你能用比例的方法来解这道题吗？

教师先让学生独立思考，并试写出比例式。

设计意图：估计此时上层生已经有了自己的思路，而中下层生则感到茫然，教师引而不发，利用这个时机让他们各自独立思考，各层次的学生试写出比例式，以此来提高学生思维的参与度。

4. 学生反馈

教师巡视后请三四名学生将各自的比例式板书在黑板上。

预计出现（有代表性）：

解法一：$x:15=1:100000$（基本理解比例关系，但是忽略了长度单位的统一）

解法二：$x:1500000=1:100000$（正确理解比例关系）

解法三：$\dfrac{1}{100000}=\dfrac{x}{1500000}$（正确理解比例关系）

解法四：$1:15=x:100000$（胡乱组合，不理解比例关系）

5. 关键

让学生评议上面各式的正误，进而校正自己列出的比例式。

（1）在评议前先回归课本，引导学生认真自习课本第50页例2，寻找用比例解的方法。（课件出示例题内容）

（2）引导讨论：通过学习例题，你能指出列比例式求图上距离或实际距离的重要依据是什么吗？（锻炼学生提取重要信息、形成方法的数学思维）学生汇报，教师板书：根据"$\dfrac{图上距离}{实际距离}=比例尺$"来列出方程。（板书突出解题方法）

引导学生讨论：根据"$\dfrac{图上距离}{实际距离} = 比例尺$"来列方程时应注意哪些问题？

教师点拨，学生归纳。例如，一是习惯上将比例尺写在方程的右边；二是要注意未知数的位置；三是要注意长度单位的统一和转化等。

（3）回到黑板上学生板书的比例方程，引导学生说说这道题与课本的例题有何异同之处。（学生汇报，教师板书：已知图上距离和比例尺，求实际距离）

（4）教师引导学生用刚才所学到的方法来评议正误，并说出理由。

设计意图：把评议的主动权交给学生，意在检查学生对在自学及讨论过程中形成的方法的理解程度，教师自出的题例故意与课本例题有所区别，以锻炼学生的辨析能力，认识到用"$\dfrac{图上距离}{实际距离} = 比例尺$"来列方程的一致性，教师适时点拨，帮助学生建立清晰的方程模型，即"$\dfrac{图上距离}{实际距离} = 比例尺$"，为下一环节的巩固打好方法基础。

（三）进行巩固，深入体会用比例法解题的一致性（预计6分钟）

即利用"$\dfrac{图上距离}{实际距离} = 比例尺$"来解题。

教师明确要求用比例解的方法。

（1）指导学生先独立完成课本第54页5、6两题，强调判断准确求图上距离还是实际距离。

附：

习题5：

兰州到乌鲁木齐的铁路长大约是1900km。在比例尺是1：40000000的地图上，它的长是多少？

习题6：

在一幅比例尺是1：5000000的地图上，量得上海到杭州的距离是3.4cm。上海到杭州的实际距离是多少？

（2）同桌之间互相交流、订正。

（3）学生汇报，教师点评。

（四）能力拓展：寻求解题的多样性和灵活性（预计7分钟）

教师引导：我们学会了用比例解的方法来求图上距离或实际距离，你能用算术方法来解刚才做的两道习题吗？试试看。

（1）以小组为单位，讨论后写出解题过程，并与比例解进行比较。

（2）小组派代表汇报，其他小组评议。

（3）师生共同归纳，教师板书算术方法：

根据"$\dfrac{\text{图上距离}}{\text{实际距离}}=\text{比例尺}$"，可以得出：

实际距离×比例尺=图上距离

图上距离÷比例尺=实际距离

设计意图：用算术方法来解题是对教材的有益补充，同样对帮助学生加深对比例尺的理解有重要作用，使学生各取所需，培养解决问题的多样性和灵活性。

（五）进行检测：按要求完成有关测试（预计6分钟）

设计意图：为了检测学生对求图上距离或实际距离的掌握情况，教师设计了如下若干检测题目，要求学生在5分钟内独立完成测试，然后交给小组长，4人为一小组。

每生印发一张小试卷，试题如下：

比例尺的应用小测试

姓名 _____　　　　　　你的成绩 ☆ ☆ ☆ ☆ ☆

一、按要求解题，每题解答正确获一颗星。

1.在比例尺是 $\dfrac{1}{5000000}$ 的中国地图上，量得杭州到南京的距离是8.4cm，杭州到南京实际相距多少千米？（比例解）

2.甲、乙两地相距240km，在一幅比例尺是1∶4000000的地图上，应画多少厘米？（算术法）

二、用多种方法解题，做3种可获3颗星，加油！

在比例尺是 0   25   50   75km 的地图上，量得甲、乙两地的距离是5cm，你能算出它们实际相距多少千米吗？

六、进行批改并反馈（预计5分钟）

1.组长按时收齐三名组员的小试卷，按要求进行批改，按正确题数在星星中画"√"，教师则批改组长的小试卷。

2.组长汇报各组情况，教师公布组长成绩，并指名1、2位组长说说自己的做法，为中下层生做示范。

设计意图：组长批改组员试卷，锻炼其评析能力，同时让组员参与评改过程，促进学习、竞争，教师评改组员试卷，如发现掌握情况不理想，则及时调整。

七、进行课堂总结，并布置课后作业（预计3分钟）

1.回顾：本节课你学会了求什么？有哪些方法？

2.布置作业（课件出示）：

（1）巩固作业，填空。（根据课本第54页习题4，做适当改动）如下表所示：

测算两个城市的实际距离登记表

比例尺	图上距离	实际距离
1：50000		1.8km
0　　90　　180km		450km
60：1	9cm	

（2）实践作业：在一幅中国地图上（或广东地图、汕尾地图等），选取两个城市，量出它们在图上的直线距离，再根据比例尺，算出两个城市的实际距离，下节课做汇报。

设计意图：巩固作业中有三种形式的比例尺，考察学生的理解和应用，实践作业让学生带着所学的知识走进生活，体会数学的趣味性。

【教学反思】

《比例尺》的知识内容较为复杂，为了便于学生掌握，我通过认真分析教材，把其分为三个课时：①比例尺的认识；②比例尺的应用（一）；③比例尺的应用（二）。本节课是第二课时比例尺的应用（一），该课时的教学重点是使学生学会根据有关条件求出图上距离或实际距离。为了使学生掌握这一知识技能，并形成数学方法，我在教学设计中经过有目的性的复习铺垫之后，并不急于讲授课本例题2，而是自出一道与学生生活十分贴近的题目，让学生试用比例解，把有代表性的几种做法板书于黑板上。接下来便顺其自然地进入评议阶段，如果由教师来评议，则使学生失去了一段"期待——怀疑——探索——释疑"的宝贵经历。因此，在学生期待心理高涨之时，我引导学生带着疑问自习例题2，找出其解题的依据，明确须注意的问题，并将课本例题与我出的题目进行比较，明白所求的不同。但比例解的依据是相同的，即根据"$\dfrac{图上距离}{实际距离} = 比例尺$"列出方程，体会比例解的一致性和简洁性。经历这个过程之后，促使学生学会辨析，并形成方法来评议同学的做法，校正自己的做法。10分钟的时间为这个重点环节的展开做了有利保证，充分给学生思考、自学、探索、评议的时间，不走过场。因此，在下一环节的巩固中，我放手让学生进行练习，只进行适当地点拨和对后进生的辅导。

用算术法来解题，我同样给学生较为充足的时间分组讨论，为了便于对比，我让学生做同样的练习题，为下一环节的测试带来思维空间。测试题目和作业题目的设计则在基础性上体现灵活性和生活化，给学生一个用数学思想和方法服务生活的小舞台，感受数学的魅力。

本节课的教学，我能够以学生为主体，充分发挥其学习主人翁的精神，培养他们独立思考的学习品质和讨论探究的合作能力，课堂气氛显得轻松、活泼、有序，取得了良好的效果。在课堂检测中有个别后进生不愿动脑筋，小部分学生忽略了对单位的统一、计算粗心等情况，我觉得在辅导环节和教学细节方面还需要不断完善。

【板书设计】

比例尺的应用（一）

已知实际距离和比例尺，求图上距离

已知图上距离和比例尺，求实际距离

用比例解，根据" $\dfrac{图上距离}{实际距离}$ = 比例尺 "列出方程

用算术解，根据" $\dfrac{图上距离}{实际距离}$ = 比例尺"得出：

实际距离×比例尺= 图上距离

图上距离÷比例尺=实际距离

（该教学设计于2014年1月获广东省教育研究院举办的广东省义务教育数学优秀设计评选二等奖）

《分数除以整数》教学案例

【教学内容】

义务教育教科书人教版数学六年级上册第30页例1。

【教学目标】

1. 通过操作活动，使学生明确分数除法的意义；理解分数除以整数的算理；掌握分数除以整数的计算方法，并能正确计算。

2. 在探索分数除以整数计算方法的过程中，让学生体验算法的多样化，掌握数形结合、迁移类推、转化等数学思想，培养学生的归纳概括能力。

3. 使学生通过学习体会数学知识间的内在联系，感受数学学习的乐趣，养成良好的学习习惯。

【教学重点】

掌握分数除以整数的计算方法并能正确计算。

【教学难点】

理解分数除以整数的算理和算法。

【教学准备】

课件、纸片等。

【教学过程】

（一）迁移导入

1. 谈话引入分数乘法，以开火车的形式说出下列各题的得数

$$\frac{2}{15} \times 4 \qquad\qquad \frac{2}{9} \times 3 \qquad\qquad \frac{3}{8} \times \frac{2}{5}$$

$$\frac{5}{6} \times \frac{3}{10} \qquad\qquad \frac{1}{9} \times 9 \qquad\qquad \frac{4}{7} \times \frac{7}{4}$$

师：分数乘法是怎么计算的？

师：观察 "$\frac{1}{9} \times 9$" 和 "$\frac{4}{7} \times \frac{7}{4}$" 这两个算式有什么特点？可以用学过的

什么知识说一说？

2. 根据题意，列出算式

（1）把6张纸平均分成2份，每份是多少？

师：这道题怎么列式？根据什么来列式？

生：$6 \div 2$，把一个整体平均分成几份，可以用除法来列式。

（2）6张纸的 $\frac{1}{2}$ 是多少？

师：这道题又怎么列式？谁来说说。

生：$6 \times \frac{1}{2}$，求一个数的几分之几是多少，可以用乘法列式。

点评：复习题的设计，较好地从学生已学过的分数乘法的意义、整数除法的意义两方面进行温旧，同时对互为倒数的特征和求法进行练习，把这三个知识点进行整合，为引新做好知识的铺垫和迁移。

3. 引入新课，板书课题

出示：把一张纸的 $\frac{4}{5}$ 平均分成2份，每份是这张纸的几分之几？学生读题。

师：怎么列式呢？（$\frac{4}{5} \div 2$）你们同意吗？（同意）

师：谁来说说你是怎么想的？

生：跟上面第（1）小题一样，都是平均分，就可以用除法列式。

师：你说得真好！那它与前面的6÷2有什么不一样？

生：6÷2是整数除法，$\frac{4}{5}÷2$是分数除以整数。

师：你观察得真仔细！这就是我们今天要学习的新内容《分数除以整数》（板书课题），把一个整体平均分成若干份，求每份是多少，无论这个整体是整数还是分数，都可以用除法列式，可以说分数除法的意义跟整数除法的意义是相同的。

设计意图：通过引导学生回顾旧知，激活学生已有的知识经验，引导他们进行类比，促进学习的正向迁移，为下面学习分数除法的算理和算法打下基础。

点评：教师进一步利用整数除法的意义，引出平均分在实际生活中的应用，使学生自然地过渡到分数除以整数的意义，利用转化的数学思想，分散了分数除以整数意义的教学难点。

（二）理解算理，探索算法

1. 动手操作

师：$\frac{4}{5}÷2$的商是多少呢？猜猜看。（$\frac{2}{5}$）

师：学习数学仅凭猜测是远远不够的，实践是检验真理的唯一标准，咱们都来动手实践一下吧，看看$\frac{4}{5}÷2$的商到底是不是$\frac{2}{5}$。请同学们拿出课前准备的纸张，同桌合作，折一折、涂一涂、算一算，互相说说$\frac{4}{5}÷2$等于多少。

师巡视，参与讨论。

2. 汇报交流，展示作品，结合课件演示

师：谁愿意上来跟大家说说你们是怎么把$\frac{4}{5}$平均分成2份，求出$\frac{4}{5}÷2$的商的，相信自己，你们是可以的！

生1：边展示"作品"边说：我们是这样对折的，把$\frac{4}{5}$平均分成2份，就是把4个$\frac{1}{5}$平均分成2份，每份是2个$\frac{1}{5}$，就是$\frac{2}{5}$。

师：说得很清楚，那这个过程用算式怎么表示？

生1：$\frac{4}{5} \div 2 = \frac{4 \div 2}{5} = \frac{2}{5}$（师板书）

师：我们来看看课件的演示，大家一起来说说这个过程。

师：用这种方法的同学请举手，没举手的同学是不是有其他的方法呢？（有）好！请你上来。

生2：边展示"作品"边说：我们是这样对折的，把$\frac{4}{5}$平均分成2份，每份是$\frac{4}{5}$的$\frac{1}{2}$，也就是$\frac{4}{5} \times \frac{1}{2}$，最后也等于$\frac{2}{5}$。

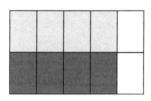

师：大家听得明白吗？（部分学生面有难色）听不明白也没关系，我们结合课件的演示再来仔细看一次，这样对折，把$\frac{4}{5}$平均分成2份，这一份就是$\frac{4}{5}$的$\frac{1}{2}$，求$\frac{4}{5}$的$\frac{1}{2}$可以用乘法，也就是$\frac{4}{5} \times \frac{1}{2}$，再约分相乘得$\frac{2}{5}$。那这个过程用算式怎么表示？

生3：$\frac{4}{5} \div 2 = \frac{4}{5} \times \frac{1}{2} = \frac{2}{5}$

师：我们看看这两种做法，你更喜欢哪种方法？为什么？

生4：我喜欢第一种方法，简单，容易！

师：喜欢第一种方法的同学请举手，说说为什么喜欢。

生5：简单，容易！用分子除以整数做分子，分母不变。

师：刚才没举手的几名同学呢？喜欢第二种方法？

生6：是，因为把除法变成乘法计算，很特别，很有意思！

师：是啊，把分数除以整数转化成分数乘法来计算（板书：转化）又特别又神奇！数学是一门很有趣的学科，只要你用心，你就会发现数学很好玩、很有趣，容易学会！

3. 继续探索：如果把这张纸的 $\frac{4}{5}$ 平均分成3份，每份是这张纸的几分之几？

师：怎么列式？（$\frac{4}{5} \div 3$）用你喜欢的方法算一算。

指名板演：$\frac{4}{5} \div 3 = \frac{4}{5} \times \frac{1}{3} = \frac{4}{15}$

师：刚才你可是喜欢第一种方法的，现在怎么用第二种方法计算？

生1：分子4不能被整数3整除，第一种方法用不了，只能用第二种方法计算。

师：好一个"只能用第二种方法计算"！你们也是用第二种方法计算的吗？（是）运用第一种方法计算是有特殊条件的，分子必须是整数的倍数才可以，有局限性；而第二种方法呢，没有限制，适用于所有的分数除以整数，这种方法更具一般性，更好用。

课件演示 $\frac{4}{5} \div 3$ 是怎么转化成 $\frac{4}{5} \times \frac{1}{3}$ 的；学生试着说说过程。

4. 归纳算法

师：仔细观察这两个算式，你能发现分数除以整数是怎样计算的吗？

指名说说，归纳得出：分数除以整数等于分数乘这个整数的倒数。

课件出示：填一填（指名回答）

$\frac{9}{14} \div 3 = \frac{9}{14} \times (\quad\quad)$　　　　$\frac{3}{10} \div a = \frac{3}{10} \bigcirc (\quad\quad)$

师：$\frac{3}{10} \div a$ 的 a 可以是任何整数吗？（不可以，a 不能是0）

小结得出：分数除以整数（0除外），等于分数乘这个整数的倒数。（全班齐读）

设计意图：这一环节让学生经历了探究方法——明确算理——归纳算法的过程。以折纸活动为载体，给学生充分提供动手的机会，让其在操作、观察的过程中，凭借直观感受，利用数形结合的方法理解算理，发现算法；对比 $\frac{4}{5} \div 2$ 两种计算方法，在大多数学生喜欢第一种方法" $\frac{4}{5} \div 2 = \frac{4}{5} \times \frac{1}{2} = \frac{2}{5}$ "的情况下，让学生试做 $\frac{4}{5} \div 3$，给学生造成思维冲突，从而激发学生去思考、发现"只能用第二种方法计算"；利用多媒体演示再次让学生直观理解算理，渗透转化的数学思想；这样学生经历由特殊到一般的探索过程，从而归纳出更具一般性的算法。

点评：遵循学生的认知规律，通过学生的动手操作、自主探究、小组合作，进一步发挥学生的自主能动性，以折纸活动为载体，借助直观图帮助学生理解算理（整数除法的意义、分数的意义），利用数形结合的方法帮助学生理解分数除以整数的算理。理解算理、掌握算法是提高计算能力的关键，而如何协调好二者的关系，帮助学生知"法"明"理"，不同层次的学生需要不同的学具进行支撑，计算教学同样要以培养学生思维能力为核心，要关注学生，让他们学会思考的方法，让他们在自身实践探索的过程中实现发展，并将积累的学习经验用到其他领域的学习中。

（三）实践应用，巩固提高

1. 第30页做一做（指名回答）

$$\frac{9}{14} \div 3 = \frac{(\quad)}{(\quad)} \times \frac{(\quad)}{(\quad)} = \frac{(\quad)}{(\quad)}$$

$$\frac{3}{8} \div 2 = \frac{(\quad)}{(\quad)} \bigcirc \frac{(\quad)}{(\quad)} = \frac{(\quad)}{(\quad)}$$

2. 判断题（指名回答，并说出判断的理由）

（1）$\frac{6}{7} \div 3 = \frac{6}{7} \div \frac{1}{3} = \frac{2}{7}$ （ 　 　 ）

（2）$\dfrac{14}{25} \div 7 = \dfrac{14}{25} \times \dfrac{1}{7} = \dfrac{2}{25}$　　　　　　　（　　）

（3）$\dfrac{3}{8} \div 6 = \dfrac{3}{8} \times 6 = \dfrac{9}{4}$　　　　　　　　（　　）

（4）分数除以整数，等于分数乘这个整数的倒数。（　　）

3. 算一算（指名板演）

$\dfrac{2}{3} \div 6$　　　　　　　　　　$\dfrac{8}{5} \div 4$

4. 根据乘法算式写出两道除法算式（练习七第1题）

5. 动脑筋

$? \times 5 = \dfrac{1}{2}$　　　　　　　　　$3 \times ? = \dfrac{4}{7}$

设计意图：习题设计有梯度，针对性强；每题呈现方式不相同，但都围绕着刚学的新内容，能达到巩固新知的目的。

点评：习题的设计能较好地巩固学生对算理和算法的掌握，同时通过逆向思维，进一步学习分数除法的另一个意义：已知两个因数的积与其中一个因数，求另一个因数是多少。从而让学生完整地学习分数除法的两种意义。

（四）回顾总结

师：这节课我们学习了一个新内容：分数除以整数。你学会了什么？往后在学习时要注意什么？

师：我们学习数学要一心一意，由不得半点儿马虎，要养成仔细看题、用心思考、细心做题的好习惯。

设计意图：这样不仅总结所学的内容，还适时对学生进行情感教育，让学生养成良好的学习习惯。

（五）布置作业

第34页练习七第3、4题。

总评：计算教学一直是小学数学的一个重点内容。本节课遵循学生的认知规律，先解决分数的分子能被整数整除的特殊情况，再引出分数的分子不能被整数整除的情况。在学生对分数除法算理理解的基础上，进入算法的探究：第一个问题是分子能被整数整除的情况，有两种思考方法，方法一是利用整数除法的意义，将分数除法转化为整数除法理解并计算；方法二是利用分数的意义，将问题转化为求 $\frac{4}{5}$ 的 $\frac{1}{2}$ 来理解和计算。在此基础上提出第二个问题，突显方法一的局限性和方法二的一般适用性。体现了让学生经历由特殊到一般的探索过程，进而理解把一个数平均分成几份，求其中的一份，就是求这个数的几分之一是多少，渗透转化的数学思想。算理是计算的理论依据，是让学生明白"为什么这么算"，算法是实施四则计算的基本程序和方法，通常是算理指导下的一些人为的规定，是让学生明白"怎么算"。算理和算法具有密切的联系，算理为算法提供理论指导，算法使算理具体化。

广大小学数学教师已经能够有意识地让学生在理解算理的基础上掌握算法，但是，也有一些需要我们思考的问题。比如，某些计算的算理到底是什么；如何让学生经历内化的过程，真正理解算理；如何达到算理算法的融合等。现在好多老师在计算教学中，学生出现了"会而不懂"的情况，而且是普遍现象。这是往后我们一线教师在计算教学中必须高度重视的一个内容。

6 >>

辐射引领

做一个有教育情怀的教育人

当我接到为大家做讲座的任务时，我的头都大了！人事科通知我，小学综合科是除语文、数学、英语之外小学其他所有学科的骨干教师的综合班，并不是我们综合学科的综合班。小学所有学科中除语数英外的其他学科的骨干教师，那可是全校最活跃、最具个性的教师，在学校的教学工作中重要却又不被重视和被边缘化的群体，他们有思想，有活力，却是有力无处使的稀缺人才（结构性缺编下的人才）。在分享交流开始之前，我和大家一起来分享一段视频。（出示视频：百合花开）

刚才，老师听到的是作家林清玄的《百合花开》：

小小的百合刚刚诞生的时候，长得和杂草一模一样。但是，它心里知道自己并不是一株野草。在它的内心深处，有一个纯洁的念头："我是一株百合，不是一株野草。唯一能证明我是百合的办法，就是开出美丽的花朵。"有了这个念头，百合努力地吸收水分和阳光，深深地扎根，直直地挺着胸膛。

在杂草的嘲笑讥讽、蜂蝶的告劝中，终于在一个春天的早晨，百合的顶部结出了第一个花苞。并且坚信："我要开花，是因为我知道自己有美丽的花；我要开花，是为了完成作为一株花的庄严使命；我要开花，是由于自己喜欢以花来证明自己的存在。不管有没有人来欣赏，不管你们怎么看我，我都要开花！"

在野草和蜂蝶的鄙夷下，百合努力地释放内心的能量。有一天，它终于开花了，它那富有灵性的洁白和秀挺的风姿，成为断崖上最美丽的颜色。这时候，野草与蜂蝶再也不敢嘲笑它了。

百合花一朵一朵地盛开着，花朵上每天都有晶莹的水珠，野草们以为那是昨夜的露水，只有百合自己知道，那是欢喜的泪滴。

年年春天，百合努力地开花、结籽。它的种子随着风，落在山谷、草原和悬崖边上，到处都开满洁白的百合。

几十年后，第一株百合用自己的坚持和不懈，形成了"百合谷地"，情侣们相拥许下"百年好合"的誓言。

不管别人怎么欣赏，满山的百合花都谨记着第一株百合的教导：

"我们要全心全意地、默默地开花，以花来证明自己的存在。"

通过刚才的视频，相信大家和我一样，感动于百合花坚定的信念和坚忍不拔的精神，最后用自己的芬芳证明了自己的价值。

今天请来四位老师，和我们一起来分享自己的成长历程。

一、做一位自信的老师

1. 充满自信心

自信心作为一种积极进取的内部动力，其发展水平是与活动的成败相对应的，正如范德比尔特所说："一个充满自信的人，事业总是一帆风顺的，而没有信心的人，可能永远不会踏进事业的门槛。"信心是进取心的支柱，是有无独立工作能力的心理基础。教师一方面希望学生自信大胆；另一方面又在暗地里忧心忡忡，前怕狼后怕虎，犹犹豫豫，优柔寡断，对自己的能力产生怀疑。如此一来，学生的自信从何而来？人是一个高度自我调节的系统，一切外来的影响都要通过自我调节发生作用。人们大都根据对自身力量的自我分析、自我评价对自己的行为发出指令，由此而来的行为积极程度又直接关系着活动的效能。很多时候，学生的不自信归根结底源于教师内心的不确定因素和自我贬值感。社会改革对我们汕尾地区的教育、对校园的冲击，使得家长因为急躁而失去原判意识，我们的基础教育也受到了追求升学率的高考指挥棒的影响，更是在基础教育学科结构性缺编这种捉襟见肘的学科教师安排下，使得在座各位所任教的术科沦为了学生和家长心目中的"副科"，因而使我们这些在小学阶段最能激发学生浓厚的学习兴趣和热情的学科教师成了无足轻重的教师，在学生的心目中给淡化了。

在这样的大环境中，我们应该学习百合花的自信，用美丽芬芳的花朵来证明自己的价值。自信是理想之帆，自信是成功之船。培尔辛说："除了人格以外，人生最大的损失，莫过于失掉自信心了。"就我们现在各位所任教的学科而言，更要树立强大的信心，因为我们现在的学科对于学生将来的发展是最有作为的。〔案例1：2017年浙江清华北大招生人数中，凭高考裸分录取的才有27人，其他的都是通过自主招生、三位一体（平时会考，高考成绩，学校综合成绩）、特长生保送录取的。案例2：个人当教导主任时遇到的故事〕我对自己的要求是：人不应有傲气，但不能没有傲骨。

2. 积累每次成功

自信是多次成功的积累，一个人感受的成功体验越多，对自己就越充满信心；每次成功都是建立自信的基石，珍惜每一次会取得成功的机会，逐步积累叠加，直至自信心越来越强。（案例：中国足球队与韩国足球队）

3. 把握自己的长处

每个人都有自己的短板，教师更不例外。人可以不成功，但不能不成长。不必处处盯着自己的短处，一味顾影自怜，终日活在深深的挫败感之中。只要找到自己的优势，挖掘自己的潜力，在现有的基础上进步，做到补短板，强弱项，就会逐步树立起自信心，不断走向成功。

人与人之间的心灵感觉是相通的、相互的。教师和学生之间更是如此。有句话说得好，什么样的家长抚养什么样的后代，什么样的老师教出什么样的学生。江苏省特级教师、教授级中学教师吴非老师写过一本书，叫《不跪着教书》。他说，想要学生成为站直了的人，教师就不能跪着教书。是的，跪着的老师教不出站着的学生。学生是非常敏感的群体，任何心理暗示上的风吹草动，他们都能在无形中感应到，积极的，消极的，一一收入囊中。因此，教师必须坚强、自立、不松懈，勇于克服自身不足，带给学生一种积极乐观、迎难而上的自信和拼劲，做学生强劲的主力中坚。每天对自己进行积极的心理暗示，要坚持，要充满干劲和热情，要微笑面对挫折。只有教师充满自信，才能教出自信的学生；只有教师具备良好的心理素质，才能更好地开展教学。如此，学生如沐春风，在学习乃至今后的人生道路上都能不断突破自我，获得成功！

二、做一位学生喜欢的老师

做一位让学生喜欢的老师是每位老师都渴望的，也是我站上这个讲台之前之后一直在努力追求的目标之一。这应该与我的家庭背景及家庭教育有关。

（案例1：师范毕业前的实习；案例2：家庭背景简介）

作为一名小学教师，特别是我们这样在学生和家长心目中不重要的"副"科教师，要成为学生喜欢的教师，我们更加需要掌握有别于"主"科教师的智慧和方法。如果方法得当，会比其他教师更能吸引学生。

1. 建立良好、和谐的师生关系

教育心理学是我们小学教师从教前必学的一门学科，掌握学生心理的发展规律，走进学生的世界，关爱学生的生活，做学生的知心朋友，做学生的良师益友，是我们必备的一项基本素养。教师应当尊重学生的人格，我们要敢于放下架子，摆脱居高临下的姿态，给学生一种敢说、敢想、敢做的学习氛围，带着爱之深、责之切的心理进行说教、指正，要善于倾听，尝试从学生的角度去看问题，给学生平等对话的机会，让学生觉得老师是一个值得信赖的朋友，从而"亲其师，信其道"，自觉、愉快地接受老师的教育。教师还应尊重每个学生的性格特点，尤其是对那些学困生，教师应真正走进他们的心灵，和他们建立感情，以师生之情、朋友之情、亲人之情来对待他们，让他们自己觉得不学习对不起自己的老师。（案例：学生为什么喜欢实习教师的现象）通过实践我得出了一个结论：只有热爱学生的教师才能体察学生的需要，只有尊重学生的教师，才能了解学生心理发展的特点和规律。只有做到这两点，才能走进学生的心灵，才能走进潜力生的心灵。（案例1：课堂要求：大声、大胆、大方、大气）

2. 平等对待学生，尊重学生人格

作为教师，应多给学生精神上的鼓励和支持，多给他们信心，相信他们一定能行。切忌辱骂或者讽刺学生，尤其是在公共场合，要给学生台阶下。学生犯了错误，教师应该用鼓励式的批评方法，既能让学生乐意接受批评，改正错误；又能让学生觉得老师很友好，非常喜欢听老师说的话。（案例：面对两只"斗鸡"）

刚才的案例告诉我们，当学生犯错误时，我们有时更多的是采用批评教育的方法，或严厉训斥，责其反思；或苦口婆心，谈做人之道。但正如一位心理学家所说："当你滔滔不绝而孩子沉默不语或点头称是时，并不意味着问题的解决，这只不过是孩子想尽快逃脱你喋喋不休的一种手段罢了。"因此，粗暴的训斥、简单的说教，往往不能从根本上解决问题，有时还会成为横亘在师生之间的一道情感障碍。2018年4月21日，教育部长陈宝生在全国学校美育工作会议暨第三批学校美育改革发展备忘录签署仪式上，说过这样一段话：教育具有压服的"无美之教"、慑服的"小美之教"、说服的"大美之教"、收服的"优美之教"、心悦诚服的"美美之教"这五重境界，教师要消灭压服，减少慑服，鼓励说服，表彰收服，追求心悦诚服。

3. 学会欣赏学生，适时鼓励学生

教师在学生面前不要吝啬几句表扬的话语，学生所做的成绩迫切需要得到别人的鼓励和支持，哪怕是一句好听的话他们都会很满足。常言道："良言一句三冬暖，恶语伤人一日寒。""数子十过不如奖子一长。"中央电视台著名主持人崔永元在他的《不过如此》中以他自己的亲身经历写过这样一段话：

对我来说，数学是疮疤，数学是泪痕，数学是老寒腿，数学是类风湿，数学是股骨头坏死，数学是心肌缺血，数学是中风……

当数学是灾难时，它什么都是，就不是数学。

所以，我请求各位老师嘴下留情，手下留情，您不经意的一句话、一个举动或许会了断学生的一门心思，让他的生命走廊中少开一扇窗户。

他说出这段话的背景就是他的亲身经历。（案例：崔永元就老师对学生的欣赏和打击造成的截然不同的后果的描述）崔永元后来有个说法，他说，我后来为什么喜欢语文呢，与那个语文老师有关，那为什么害怕数学呢，与那个数学老师有关。所以说，"良言一句三冬暖，恶语伤人一日寒"。教师在学生成长过程中是个很重要的角色，一句话可以成就一个人，也可以毁灭一个人。

所以，老师要欣赏学生，要放下教师架子，抛弃师道尊严的旧习。用心浇灌幼苗，让花蕾绽开。为师者，不仅要欣赏"美丽"，也要欣赏"丑陋"。每个学生在老师的眼里、心中都应当是一朵小花、一道绚丽的风景！同学们极为期盼老师的一句赞语！当孩子取得点滴进步，或在劳动课上挥汗劳作，或是科学课上与众不同的创意，老师一句饱含深情的赞赏，都是孩子们前进的动力。为师者为何不"随风潜入夜"，适时地夸"你真有想法！你进步了"！为师者为何不多与学生多交流，适时说几句"同学们是未来，是希望，是将来国家的栋梁"？学生进步了，为师者要祝贺，说上几句鼓励之话、祝贺之语。教师的一声鼓励与肯定，可以成就学生的一生；一声挖苦与歧视，可以使学生心生仇恨；有时一句激将的话语，则可以鞭其奋进。这样的事实太多了。作为老师，只要对学生充满爱——真诚的爱，就可以培养其健康的人格，做一个合格的社会人，甚至有成就的人。请大家记住：渴望赏识是人性的弱点，也是人性的优点，在日常生活中人们无一例外渴望得到别人的赏识。包括各位现在在微信上发个朋友圈，都很想得到更多人的点赞，这就是一种渴望赏识的心理！师爱、师情温暖着孩子们的心田，孩子们会进步、更进步的。为师者应该多对学生说一些亲切、期望的话语，让孩子们听了心中爽快，喜欢老师，进而促进学生各方面的学习。

华南师大教科院教授刘良华说过这样一段话，我认为这是从人性的特点出发的一句至理名言："直到今天我都坚持：所谓好老师，就是能够让他的学生莫名其妙地兴奋整整一天的人；所谓坏老师，就是每隔一段时间总是让他的学生莫名其妙地痛苦整整一天的人。"

4. 努力上好每一节课，充分展现个人魅力

学生喜欢有自己独特教学风格的老师和风趣幽默的老师。（案例：原陆安师范陈灿和吴学星两位老师的教学风格和个人魅力，深受学生喜欢）今天的学生已不喜欢教师一节课讲到底，学生听到尾，不把学生看作课堂的主体、学习的主人，而是视其为接纳知识的容器的课堂教学。学生喜欢用"艺术"和"匠心"打造堂堂精彩的老师，这样的教学，让他们百听不厌，让他们激情飞扬，让他们感受知识的魅力、学习的快乐。学生喜欢教师上课时多举例子，这些例子会把深奥的道理讲得深入浅出，浅显易懂。体育老师可以很标准地为学生做各项教学内容的示范动作；美术老师可以很生动地画出逼真的简笔画，如画一个国字脸的人，如果要分比例，先画什么再画什么；信息技术老师电脑玩得特棒；音乐老师可以把歌唱得优美动听！这些都会使学生对教师产生崇拜，会对教师肃然起敬！学习时的疲倦会因此一扫而空，从而在快乐中学习成长。这样不仅能够激发学生的兴趣和热情，还调动了学生学习的积极性，使学生学得轻松愉快而且效率高。在我们平时的教学当中，教师应该时常思考我们是在教孩子知识，还是在教孩子学知识！我认为，我们现在面临的最大挑战，是将不同学科整合成有联系的、有意义的整体，同时保留每个学科的自身特点。

三、做一名不忘初心、牢记使命的教师

2014年9月9日，第30个教师节来临之际，中共中央总书记习近平到北京师

范大学考察。在这所有着"培养中国教师的摇篮"之称的学校，习近平号召全国广大教师做有理想信念、有道德情操、有扎实知识、有仁爱之心的"四有"好老师。2018年1月20日，中共中央、国务院出台了《关于全面深化新时代教师队伍建设改革的意见》，这是中国历史上第一次以中央国务院名义发布的文件。2月1日，广东省教育厅以最快的速度，出台了《广东"新师范"建设实施方案》并发布实施，全省21个地市教育局与华南师范大学、广东技术师范学院、岭南师范学院、韩山师范学院、广东第二师范学院、韶关学院、嘉应学院、惠州学院、肇庆学院、广州大学、深圳大学共11所本科高校合作共建"广东省创建国家教师教育创新实验区"，史无前例地把我国教师队伍建设提高到了历史最高水平。7月12日，教育局罗局长也出席了当天汕尾教育局与华南师范大学共建"广东省创建国家教师教育创新实验区"签约启动仪式。上个月的9日到14日，我在广州参加广东省名教师工作室主持人培训，其间参加了全国首家教师教育学部华南师范大学教师教育学部的成立揭牌仪式，并有幸被聘为华师教师教育学部的兼职教授。在这个活动中，中国教育学会会长、国家教育咨询委员会委员、90岁的学界泰斗顾明远先生说起一件事，中国教育改革最失败的一点，就是取消了师范教育。现在终于认识到师范教育对培养教师不可或缺的重要性。师范教育，是真正培养小学全科教师的学校。在座的各位，我相信应该有不少是师范毕业的。我也是师范毕业的。中国从20世纪80年代初开始，到2002年取消师范教育，二十几年的时间，中等师范为全国农村学校培养了400万乡村教师，这些教师在全国大江南北为培养祖国的未来付出了自己的青春。近年来，取消师范教育以后，小学的师资可以说就没有更新过，相信大家都知道现在学校教师的老年化问题。去年，我所在学校的全校教师平均年龄为47岁，今年则是48岁。小学教育，特别是我们市的学校，真的到了青黄不接的时候了，再过几年就会到触目惊心的地步了。现在的现象就是哥哥姐姐教高中，叔叔阿姨教初中，爷爷奶奶教小学。我们在座的基本上都是为人父母了，我们个个都想把自己的小孩送入最好的学校读书，个个都想我们的小孩能跟学校中最好的班主任和学科老师学习，但是，我相信，在座的各位只要自己的小孩成绩不太差，没有一个（至多极少部分）想把自己的小孩送去读师范院校将来当小学教师的，只有当小孩成绩勉强达到3A3B，才会送去读师范大专，这些孩子毕业后就到初中当教师。我们都是当老师的，小孩本身学习成绩就不好，最后却要去教别人，大家试想想，你敢把自己的孩子放在这些老师的班中吗？这就是我国社会主要矛盾已经转化为人民日益增长的美好生活需要和不平衡不充分的发展之间的矛盾的最好体现。所以，今年启动的新师范教育，就是为了解决这一问题而启动的。教育的本质，就是培养和发展人。孩子们不一定个个都能成功，但个个都要成长。所以，用回归本真的教育，让孩子成为有正义、有人性的人，才是我们的教育真谛！

二战后一名纳粹集中营的幸存者，成为美国一所学校的校长，每当有新老师来到学校时，校长就会给这位老师一封信，这封信是这样写的："亲爱的老师，我是一名集中营的幸存者，我亲眼看到人所不应该见到的悲剧，毒气室是由学有专长的工程师建造的，妇女由学识渊博的医生毒死，儿童是由训练有素的护士杀害。所以，我怀疑教育的意义。我对你们唯一的请求是请回到教育的根本，帮助学生成为有人性的人，你们的努力，不应该造就学识渊博的怪物，或者是多才多艺的变态狂，或者是受过教育的屠夫。我始终相信，只有孩子具有人性的情况下，读写算的能力才有价值。"

所以，作为教育人，我们的使命是把孩子们教育成有人性的人。

四、做一个喜欢阅读的老师

说起阅读，我不得不引用一组数据：今年4月23日，是世界第23个读书日，根据国际组织的调查统计，得出世界上每个国家人均一年的阅读量：以色列64本，丹麦24本，美国17本，日本8.4本，法国8.4本，韩国11本，中国4.7本。在我们中国，还是把我们教师的教科书算进去的，每年的人均阅读量是4.7，这不能不引起我们的思考。我们常说"腹有书诗气自华"，每个人的知识绝大部分来自对书本的吸取，我们在学校中所学的知识，对于我们一生的知识来说，那只是很少的一丁点儿。大家知道，今年高考的录取工作基本已经结束，高考的主题特别是语文的作文却刚刚开启2019模式。大家知道，今年北京卷的作文中，微写作是从三个题目中任选一题，分别是：

（1）从《红岩》（作者罗广斌、杨益言）、《边城》（沈从文）、《老人与海》（美国著名小说家海明威）中，至少选择一部作品，用一组排比比喻句抒写你从中获得的教益。要求：至少写三句，每一句中都有比喻。120字左右。

（2）从《红楼梦》《呐喊》《平凡的世界》中选择一个既可悲又可叹的人物，简述这个人物形象。要求：符合原著故事情节。150～200字。

（3）读了《论语》，在孔子的众弟子之中，你喜欢颜回，还是曾参，或者其他哪位？请选择一位，为他写一段评语。要求：符合人物特征。150～200字。

老师们想想，如果对于一个平时阅读量不够的学生，就这道题目而言，下笔都成了问题。这就再一次对学生的阅读量和阅读内容提出了明确的要求。没有充足的阅读量，在今后的语文写作中，你将永远落在别人的后面。

作为老师，更应该把阅读作为自己终身受教育的基本途径，阅读对教师来说之所以重要，有如下几方面的缘由：

1. 职业特点决定了教师必须养成阅读的良好习惯

教育的目的之一，是培养学生自主学习的习惯和能力，让学生从搀着走、扶着走，逐渐实现自己走。而阅读是自主学习的一种基本方式，是一个人终身受教育的基本途径，这就需要通过教师的言传身教来培养。教师自己不阅读，培养不出会阅读的学生来；教师自己没有自主学习的习惯和意识，很难为学生的终身学习奠定扎实的基础。读书还是提升人精神境界的重要途径。人类始终是在读书中思考、在读书中发现、在读书中成长的。每一个心怀理想、对精神世界有所追求的人，都会不断地在现实的大地上寻求理想实现的可能性。而广泛的阅读、持续和哲人对话的过程，使得他们或者坚持立场，或者修正理念，并在其中逐步完善自己，最终找到在人间诗意栖居的方式。

2. 世界飞速变化与面向未来的要求凸显阅读的重要性

我们常说教育是面向未来的事业。我们今天所做的一切，都是为了给孩子们未来的生活和工作奠基。但是，我们能预知未来吗？今天世界上最热门的十项工作，在十年前是不存在的，十年之后的世界能发展到的程度，也是超出我们今天的想象的。我们的教育是在为不可预测的未来培养社会的栋梁。蔡元培先生说过："教者，非为以往，非为现在，而专为将来。"在这样的背景下做教育，最为重要的不是让学生记住多少知识，而是要呵护学生那颗向学的心、那份求知的欲望，培养他们良好的学习习惯，特别是阅读的习惯、思维的习惯。学生在前行的道路上遇到难题的时候，知道可以通过阅读来寻求问题的解决。每一个拥有阅读习惯、思考习惯的人，也就拥有了面向未来的钥匙。

3. 信息对称所导致的本领恐慌要求教师加强阅读

在过去很长的一段时间内，知识更替的速度非常缓慢，一名教师在从教的历程中，学科本体知识、教育教学方面的知识及教育技术学的知识等都极少发生改变，他基本上可以用自己求学时期所储备的那些知识来应对教学的各种要求。并且教师在过去几乎是学科知识主要的信息源，学生所学的几乎所有内容都来自教材和教师的讲授，信息具有很大的不对称性，教师的权威性不容置疑。伴随着互联网时代的到来，教师必然会发现自身的权威性受到了极大的挑战：首先，教学内容更新的节奏不断加快，教学要求也不断改变，给自己的教学带来了很多"麻烦"；其次，自己不再是教学内容主要的信息源，学生可以通过各种新媒体和移动互联网获得最鲜活的学习内容信息，出现了师生信息对称的新情况。在某种程度上，学生所了解的信息比教师还要多，教师还依照过去那些套路来教学生，学生自然不买账。在这样的环境下做教师，你必须知道自己的优势在哪里，同时还要加强阅读，从名家的教育理论和一线教师的教育实践中寻找新的教育智慧，来提升自己的教学能力，应对"本领恐慌"。

4. 教育综合改革的新形势提醒教师要关注阅读

过去的教育，从某种意义上说是"目中无人"的教育，"知识本位"的教育观及班级授课制的教学组织形式，使得教师在教学中很难关注到学生个体，关注的重点常常落在教学目标的达成、教学进度的推进等环节上。新一轮的课程教学改革，突出"以学生发展为本"的教育理念，强调要把立德树人作为教育的根本任务来落实，对教师来说，这是一次思想的革命，需要教师切实转变教育观念，并在教育实践中加以践行。今年开始的高考改革，更是对传统教育教学的一次巨大冲击。新高一开始，到2021年，新高考模式的赋分制、走班制、选科等，将是一个更大的课题。思想和观念的转变不是一件容易的事，教师要有变革的自觉，也需要"站在巨人的肩膀上"登高望远，而书籍就是教师登高望远的阶梯。

阅读，对教师群体有着特殊的意义，因为它是教师专业成长的必由之路。一名教师的专业发展史，在一定程度上正是他的"专业阅读史"。刚刚入职的年轻老师，需要通过阅读理解师范院校所学与课堂面对学生实际之间的差别；从教已久的老教师，更需要从阅读中了解近年来教育教学改革创新的风潮；年龄在两者之间的老师，眼下正是学校和教研部门从事教学科研的骨干力量，更需汲取外部营养，不断提升进步。

读书就像我们中国人吃中药！吃着很苦，也很难受，但它对我们的人体有益，可以去除我们体内无知的疾病，给我们补充能量和养分。用苏霍姆林斯基的一句话做结："教师获得教育素养的主要途径就是读书、读书、再读书。"记得一位学者这样说过："书籍是学校中的学校，对一个教师而言，读书就是最好的备课。读书，每天不间断地读书，跟书籍结下终生的友谊，就是一种真正的备课。"我想，作为一名教师，就要多读书。我们需要学习教育家和教育大师的著作来充实自己，让自己在他们博大精深的教育思想中更透彻地领悟教育真谛，从而更加成熟。我们需要常与大师对话，多与名师交流，多方面、多角度地感受大师的风采，反思自己的教学，这样才能让自己更有灵性，更有见解，才能走出属于自己的教育特色之路。

读书，能够改变教师人生匮乏、贫弱、苍白的状态。走上课堂，照本宣科，捉襟见肘，多是因为读书太少。通过读书，使学科知识得以系统整合和灵活调度，丰富广博的社会科学、自然科学、人文科学知识信手拈来。这样，教师在课堂上、在生活中，才能引经据典，妙语连珠，给学生以知识的充实和心灵的震撼。

读书，能够使教师不断增长职业智慧，一名精神富裕、专业化程度高的教师，能以自己特殊的职业眼光，把握课程的引人入胜之处，以最简洁的线条拉动最丰富的信息，以最轻松的方式让学生得到最有分量的收获；能从最接近学生现在的起点，带领他们走到离自己最远的终点。

读书，还能消除职业倦怠。书籍中充满生命和智慧的言语，会使教师的生命变得特别开阔、灵动、开放、乐观、旷达、鲜亮。读书不仅能改变教师的人生，而且能促使教师历史性地思考人生，从而实现自我人生层次的提升和生命的升华。

在座的各位都是学校的骨干教师，是学校教学中无可替代的力量。大家都参加工作有十多年了，在这个碎片化的信息时代，我们必须有一种积极的忧患意识和向上重生的变革理念，就像天空翱翔的雄鹰。下面我们一起来欣赏一段视频。（鹰之重生）

（2018年8月4日，为汕尾市骨干教师培训讲座资料）

校本教研与教师的专业发展

一、校本教研

校本教研是一个新事物，是为了满足学校和教师可持续发展的需要，是以学校为基本单位，着眼于学校的整体规划和发展，以学校实情为出发点，以具体实践为落脚点，在上级教研部门的直接指导下，由校长、教师、学生共同参与的，旨在提高课堂教学质量，提高教师的业务水平、科研能力，促进师生共同发展而开展的教学研究。它着重强调理论指导下的实践性研究，既注重解决实际问题，又注重经验的总结、理论的提升、规律的探索和教师的专业发展，是保证新课程改革试验向纵深发展的新的推进策略。

以学校为教学研究的基地，以教师为研究的主体，以解决发生在教育教学实践遇到的真实的教学问题为研究对象的研究，这是校本教研的基本定义。

二、教师的专业化发展

教师的专业化发展是指教师个体专业水平提高的过程，以及教师群体为取得教师职业的专业地位而进行努力的过程。前者是指教师个体专业化，主要包括理论素养专业化、学科知识专业化、教学实践专业化等方面；后者是指教师职业专业化。教师的专业素养、教师的专业化程度，是教育改革的重大主题之一，是教师教育研究的核心课题。教师的专业化发展是关系教育改革成败的关键。因此，采取有效措施加快教师的专业发展就是教育界面临的一大课题。目前，农村地区的中小学教师，由于受条件限制，他们的专业化发展受到制约；同时，教师教育制度、教育科学的改进与发展等都是制约教师专业化发展的关键环节。与发达国家相比，我国教师的专业化尚处于中、低水平，这必将影响新课程改革的进一步深化，影响教学质量的提高。

三、校本教研与教师专业化发展的关系

从专业的角度来看，教师的成长离不开教育教学实践，教师的发展只能在学校，在具体的教学实践中，在对自己实践的不断反思中完成。学校既是教师专业生活的场所，又是教师专业成长的地方，加强校本教研正是促进教师专业化发展的必由之路。

四、校本教研的基本原则

校本教研的基本特征是以校为本，强调围绕学校自身遇到的问题开展研究，学校是教学研究的基地，教师是教学研究的主体，应该突出"以校为本""以教师为本""以学生为本"和"以解决具体问题为本"的原则。

五、校本教研的实施流程

"为了教学"——目的不在于验证某个教学理论，而在于改进、解决教学中的实际问题，提升教学效率，实现教学的价值；

"基于教学"——校本教研主要是研究教学之内的问题而不是教学之外的问题，是研究自己教室里发生的教学问题而不是别人的问题，是研究现实的教学问题而不是某种教学理论假设；

"通过教学"——校本教研就是在日常教学过程中发现和解决问题，而不是让教师将自己的日常教学工作放在一边，到另外的地方做研究。

六、校本教研的基本理念

校本教研的理论基点是，学校是真正发生教育的地方，教学研究只有基于学校真实的教学问题才有直接的意义。校本教研旗帜鲜明地强调三个基本理念。

1. 学校应该是教学研究的基地

校本教研强调学校是教学研究的基地，这意味着要把教学研究的重心置于具体的学校教学情境中，因为教学研究的问题是从学校教学实践中归纳和汇集的，而不是预设和推演的，所以要在教学情境中发现问题、分析问题和解决问题。

对于许多教学问题，如果脱离了具体的教学情境抽象谈论是容易做到的，但意义不大。比如，在实施新课程的过程中，三级课程管理政策对学校提出了新的要求，学校不仅要创造性地执行国家课程和地方课程，还有权利和责任开发适合本校特点的校本课程，这样就会出现与以往任何时候都很不相同的教学情境，再加上各个学校的情况差异较大，对于具体学校而言，解决所谓"面上"的教学问题就显得不那么"真实"，总有一种隔离感，不能对学校的教学实践产生直接的影响。例如，校本课程如何开发？综合实践活动如何开展？大班额背景下如何体现学习的自主性、合作性和探究性？等等。这类问题，只有把它们置于学校的具体教学情境中才可能找到解决的办法。如果教师持续地关注某个或某些有意义的教学"问题"，想方设法（"设计"）在教学"行动"中解决问题，并且不断地回头"反思"解决问题的效果，那么教师的教学工作就同时具备了教学研究的性质，教学质量和水平的不断提高就有了坚实的基础。

强调教学研究的基地是学校，这意味着教学研究的工作方式将发生很大变化。一方面，学校内部的教学研究要立足于学校自身的真实教学问题；另一方面，校外教学研究机构不仅要采用自上而下的工作方式，还要更多地采用自下而上的工作方式，倾听和反映学生、教师和校长的教学要求和教学问题。教学研究除了研究教材、教参和教法之外，还要重视研究学生、研究课堂、研究学校、研究课程。如果只是传达指示和分派任务，即使天天在学校，也不能说教学研究的基地在学校。

2. 教师应该是教学研究的主体

校本教研强调教师是教学研究的主体，认为教学研究不能只是少数专职研究人员的专利，而应该是所有教师的权利和责任。只有当越来越多的教师以研究的态度对待自己的教学实践和教学工作，并且在这个过程中不断提高解决实际教学问题能力的时候，学校教学质量的普遍提高才有真正的可能。

以教师为主体所从事的教学研究不同于以倡导"思想观念"和"理论流派"为己任的象牙塔式的研究，应该是"问题解决"式的行动研究，自觉和主动地致力于探索和解决自身教学实际中的教学问题，从而达到改进教学实践和提高教学质量的目的。

强调教师是教学研究的主体，就应该对中小学在教学研究中的一些误区加以澄清。例如，在一些学校，教学研究项目仅由学校个别科研能人乃至校外专家代劳，或者教育科研项目越做越大，甚至动辄就要形成某某理论，这不仅让广大教师对教学研究望而却步，也否定了教师从事教学研究的权利和责任，而且这样的研究游离于教师自身的教育教学实践之外，脱离教师的经验范围，对提高学校的教学质量起不到应有的支持作用。这些现象的存在和蔓延，会使教学研究越来越远离学校的教学实践，这与校本教研机制方面的制度建设跟不上有密切关系。加强校本教研，必须提高教师教学研究的意识和能力。教师成为教学研究的主体是整个教育创新的活力所在。

3. 促进师生共同发展

这应该是教学研究的主要而直接的目的。校本教研，无论作为一种教学研究活动，还是作为一种教学研究机制，其直接目的都是为了改善学校实践，提高教学质量，促进教师和学生共同发展。其中的核心是教师的专业发展和学生的身心健全发展，这是体现学校办学水平的主要内容。丢掉了这个直接目的，"以校为本"就会变成一句空话。

考察教学研究的直接目的是否指向改善学校实践、提高教学质量、促进教师和学生共同发展，一个重要的标志就是看它是否植根于教师和学生的日常教学活动，是否与学校日常教学行为的改善联结起来。而且，评判的最终主体应该是学校的校长、教师和学生，不应该是学校之外的其他主体。这一点，需要有制度上的保障，也就是说，当学校认为教学研究没有直接指向教师和学生的共同发展时，他们应该在制度上能够很顺畅地表达自己的感受和要求。这并不是否定校外评价的重要性，而是要在制度上确认校内评价的应有地位和作用。校本教研的成果，包括它的目的指向，应该由学校师生自己确认，这一点在制度上应该获得更多的鼓励和肯定。教学研究中存在的一些为研究而研究、为"装门面"而研究的现象，是与校本教研的基本理念背道而驰的。

七、校本教研的价值

（1）校本教研是校本的最重要的体现，是整合校本管理、校本培训、校本课程等活动的纽带，"教学是学校的中心工作"这一教育规律决定了校本教研的地位和作用。对校本颇有研究的华东师范大学郑金洲博士认为，校本主要落实、体现在四个方面：校本研究、校本培训、校本课程和校本管理，其中校本研究，按照他的定义，就是直指学校问题，将学校实践活动与研究活动密切结合在一起，大力倡导学校教师参与研究。对四者的关系，他认为校本研究是起点，校本培训是中介，校本课程开发是落脚点，校本管理则贯穿渗透在它们中间，起着组织、协调的作用。（在这里，本文所提出的"校本教研"基本等同于校本研究）由此可见，基于学校教育教学问题的研究即校本教研是开展校本活动的起点和基础，是整合校本培训、校本管理和校本课程的中心和纽带。没有校本教研，就谈不上校本培训、校本管理和校本课程。

目前，一些学校正在开展校本管理、校本培训或校本课程的开发活动，但基本上是各自为政，缺乏系统性和统整性，出现了认识混乱、校本无序的现象，非常不利于学校的教育教学工作的深入开展。广州市天河区教育局教研室正是针对上述状况提出校本教研的理念，并在试点学校开展相关试验活动。试点学校在教研室的积极指导下，端正认识，谋求以校本教研为中心，将校本管理、校本培训、校本课程与校本教研进行整合，确立了校本教研在学校校本活动中的重要地位。

（2）校本教研，对学校而言，是创办学校特色的重要支撑。创办学校特色是学校生存与发展的需要，也是时代的呼唤，已成为当代中小学的办学方向与追求。创办学校特色需要特定的条件，包括校长的风格、学生的需要、教师的特长、科研的支撑、学校的底蕴和社区的环境等。其中，科研的支撑、"科研兴校"已成为学校的共识，而且越来越为广大校长和教师重视。但如何走出一条立足学校、促进学校自身可持续发展的科研路子，是许多学校尚不能解决的问题。而"为了学校、基于学校、在学校中"的校本教研正是广大学校创办特色的一条可探索的道路。在以课题研究为核心的校本教研中，学校可以通过与科研部门合作、校长与专家对话、教师与研究人员交流，确定学校的发展方向，提升学校的办学理念，培养教师的科研素养和创造力，促进学生的多元发展，逐渐形成学校的办学特色。这就需要学校领导班子具备魄力、胆识、水平，要营造团结向上的氛围，带领积极向上的教师团队，不断地开拓进取，形成自己的办学特色。

八、校本教学研究的三个核心要素

教师个人、教师集体、专业研究人员是校本研究的三个核心要素，他们构成了校本研究的三位一体关系。教师个人的自我反思、教师集体的同伴互助、专业研究人员的专业引领是开展校本研究和促进教师专业成长的三种基本力量。

1. 自我反思

自我反思不是一般意义上对教学的"回顾",本质上是一种理解与实践之间的对话,是反省、思考、探索和解决教育教学过程中各个方面存在的问题,具有研究性质。反思的目的在于不断更新观念,改善教学行为,使教师能对自己的教学现象、教学问题进行独立思考和创新。

按教学的过程,教学反思分为教学前、教学中、教学后三个阶段。

教学前的反思具有前瞻性,能使教学成为一种自觉的实践,并有效地提高教师的教学预测和分析能力。教学中的反思,即及时、主动地在行动过程中反思,这种反思具有监控性,能使教学高质高效地进行,并有助于提高教师的教学调控和应变能力。教学后的反思具有批判性,能使教学经验理论化,并有助于提高教师的教学总结能力和评价能力。

校本教学研究中一个重要的前提就是教师养成反思的习惯。教师反思就好比是精神上的新陈代谢。作为教师,每天都在教学的实践中积累着经验,如果不对此进行梳理,慢慢地,教师就会变成经验型的教师。如果一名教师只顾埋头拉车,默默耕耘,从不抬头看路,也不反思回顾,那么,充其量他只能成为一个地道的"教书匠",而永远无法实现真正的自我发展和超越。反思可以提升教师现有的经验,把那些有效的经验升华为智慧与方法,把那些不良的无效经验清除掉。没有这样一种内在机制,教师就不会很好地成长。教师可以通过写日记、写案例、写随笔、教学后记、教师之间的讨论、对照理论反思等方式体现自己的反思;还可以进行交流后的再反思,即在备课组或教研组交流合作的基础上再进行反思。反思可以让教师养成思考与研究的习惯。反思+经验=成功。

教学实践的反思包括总结成功经验;查找失败原因;记录学生情况(生成资源):有效,真实,常规,生成,有待提高。要从理论中学习反思,从借鉴中反思。

新课程对教师的传统教学经验提出了全新的挑战,经验反思的重要性也因此被提到了前所未有的高度。但是,只有教师自己才能改变自己,只有教师意识到自己的教学经验及其局限性并经过反思使之得到调整和重组，才能形成符合新课程理念要求的先进教学观念和个性化教育理念，从而使自己教学经验的质量能够得到真正地提高。

2. 同伴互助

校本研究强调教师在自我反思的同时，还要开放自己，加强教师之间在课程实施等教学活动上的切磋、协调和合作，共同分享经验，互相学习，彼此支持，共同成长。在教学的过程中遇到了什么问题，有什么心得，能够与其他教师进行交流，这有助于教师之间分享彼此的经验，共同解决彼此的问题。

（1）基本形式。

① 交谈。浅层次的交谈主要是交换信息和经验共享。信息和经验只有在交流中才能被激活，才能实现增值，而教师也只有不断从伙伴中获得信息，借鉴和吸收经验，才会少走弯路。深层次的交谈主要指专业会谈和专题讨论。专业会谈是一个相对自由开放的发散过程，没有主题，教师畅所欲言，结果会冒出和形成很多有价值的新见解。专题讨论就是教师在一起围绕某个问题畅所欲言，提出各自的意见和看法，在有效的讨论中每个教师都能收获单独学习所得不到的东西。

② 协作。指教师共同承担责任完成任务，它强调团队精神，群策群力，发挥所有教师的兴趣爱好和个性特长，使教师在互补共生中成长；发挥所有教师的作用，彼此在互动、合作中成长。例如，集体备课、听课、评课、说课一条龙合作教学；同上一节课。

③ 帮助。教学经验丰富、教学成绩突出的优秀教师，帮助和指导新任教师，使其尽快适应角色和环境的要求。骨干教师、学科带头人要在同伴互助中发挥积极作用。通过同伴互助，防止和克服教师各自为战和孤立无助的现象。

校本研究要求学校真正成为一个民主的、开放的讨论领域，尤其要强调的是教师集体内部的专业争论。唯有教师集体参与的研究，才能形成一种研究的氛围、一种研究的文化，这样的研究才能真正提升学校的教育能力和解决问题的能力。只停留在教师个体的研究，虽然教学行为也会产生一时的变化，但这种变化难以持久，也难以将个别教师的行为转化为群体教师的行为。可以说，教师集体的同伴互助和合作，是校本研究的标志和灵魂。有一所学校，二年级有八名语文教师，在某一学期，他们采取了分别上观摩课的方式来不断完善与修正教学。一个人上课，其他教师都来听，听完以后大家再一起交流，并不断修正，当最后一名教师上完课的时候，精品课就出来了。精品是怎么来的？是集体智慧创造的。一个再聪明不过的人，也不可能凭借一个人的智慧上出最后这一节精彩的课。

（2）存在的问题。

① 封闭的课堂文化使部分教师心理上不倾向于合作。教室的独立是教学的一个重要特征，一间教室就是一个独立的"班级王国"，教师就是孤独的舞者。正是这种制约，导致了部分教师对同事互助的拒绝，害怕把自己真实的课堂表现呈现在同事面前，这种防卫意识，使不少教师不愿意主动地针对教学中的问题与同事进行切磋。

② 竞争为导向的学校文化不利于教师开展合作。学生成绩是许多学校最为看重的评价指标。在竞争的压力之下，不少教师为使自己班级的成绩领先，不愿意将自己最精华的教学技能和经验与别人分享，想依靠留一手来保持竞争的优势。

③ 繁重的工作和密集的教学安排使得教师合作很难在时间上得到保证。教师的工作本来就比较重，而合作互助是在两个或两个以上的教师之间进行的。这就需要有一个共同的时间表，教师却很难在时间上协调一致，这也给互助合作带来了困难。

④ 行政的压力催生了互助的表面化、形式化。虽然处于新课改的背景下，但我们一些学校的教师往往屈从于行政的压力而进行刻意的互助和表面的互助，这不是自发的、强迫的、不自由的选择，是一种行政上的责任，以实施他人命令为目的，一旦行政命令不复存在，互助合作也就不存在了。

3. 专业引领

专业研究人员的参与是校本教学研究不可或缺的因素。就教师而言，个人水平总是有限的，同事水平也比较接近，如果没有专业人员做指导，就容易在同一水平上重复，不容易提升。从这个角度说，专业研究人员的参与是校本研究向纵深发展的关键。专业研究人员一般教育理论素养较高，校本研究是一种理论指导下的实践性研究，理论指导、专业引领是校本研究得以深化发展的重要支撑。从教师角度讲，加强理论学习，并自觉接受理论的指导，努力提高教学理论素养，增强理论思维能力，是从教书匠通往教育家的必经之路。同时，参加高层次的培训学习，是不断提高自己专业发展的机会。在研究中教师获得的是"如何做"的实践智能，研究的结果直接指向问题的解决和行动的完善与改进。

专业研究人员主要指课程专家、大学的研究人员、教研人员、学校的骨干教师等。另外，教师在教学过程中遇到问题以后，读读理论书籍也是一种引领。一般来说，专业引领可以通过学术专题报告、理论学习辅导讲座、教学现场指导与座谈等方式来进行。每一种形式都有其特定的功用，就促进教师专业化成长而言，教学现场指导是最有效的形式，也是最受欢迎的形式，专业研究人员与教师共同备课（设计）、听课（观察）、评课（总结）等，对教师帮助最大。

自我反思、同伴互助、专业引领三者具有相对独立性，又是相辅相成、相互补充、相互渗透、相互促进的。只有三者有机结合，才能完成一个研究的过程。

九、校本教研的基本模式

任何研究都始于"问题"。当教师意识到自己的教学中出现了某种"问题"并想方设法（"设计"）在"行动"中解决问题且不断回头"反思"解决问题的效果时，教师也就踏上了一条由"问题——设计——行动——反思——提高……"组成的校本教学研究的旅程。

1. 问题：追踪、设计"问题"，进而把"问题"转化为"课题"

校本教学研究强调解决教师自己的问题、真实的问题和实际的问题。

只有当教师比较细心地"设计"解决问题的思路之后，日常的教学"问题"才可能转化为研究"课题"。教师的"问题意识"才上升为"课题意识"。有效的校本教学研究所研究的"课题"的产生过程是教师在大量地、随意地解决问题的过程中发现了某个值得"追究"和"设计"的"关键的问题"。教师一旦打算在后续的教学中进一步"想方设法"（设计）去解决这个"关键的问题"，这个问题就可能转化为课题。（案例：乘法分配率的常见错误如何分析）

2. 设计：选择"有效教学"的理念，采取适当的教学方法

校本教学研究中的"设计"意味着教师发现某个值得追究、追踪的教学

问题之后，在接下来的一系列的课堂教学的设计（备课）中寻找和确定解决该问题的"基本思路和方法"。

3. 行动：执行，同时也是再创造

一旦进入真实的课堂，面对具体的学生，教师不得不根据学生的实际学习状况和教学过程中发生的意想不到的教学事件，去灵活地调整教材、调整教案。校本教学研究不仅努力改变教师的教学观念，而且希望通过"行动"来引起教学实践的"改进"，并在"改进"教学实践的过程中进一步观察原先所"设计"的方案是否有效和"问题"在多大程度上已经被解决或没有被解决，并及时地调整解决问题的办法和思路。

4. 反思：思考、发表自己的教学体验

在整个校本教学研究的过程中，"反思"实际上是贯穿始终的。"问题"之所以能够被提出来，"设计"之所以可能，"行动"之所以能够创造性地执行方案，都有"反思"的介入和参与。有效的校本教学研究意味着承认、允许、鼓励教师用自己的个人化语言、实践性语言讲述自己在教学实践中发生的教学体验，包括问题怎样提出来，问题出现之后如何想方设法去解决，在解决问题的道路中又遇到了什么新的障碍，等等。这样其实已经是一个很好的解决某一教学问题的方法，已经是一篇很好的教学论文或是教学经验了。

5. 提高：发挥教师集体的作用，争取专业研究人员的指导

校本教学研究在重视教师个人学习和反思的同时，特别强调教师之间的专业切磋、协调合作，共同分享经验，互相学习，彼此支持，共同成长。防止和克服教师各自为战和孤立无助的现象。倡导科学精神，营造求真、务实、严谨的教研氛围，提高教学研究质量。

以校为本的教研应有专业研究人员的参与。学校要积极主动地争取专业研究人员的支持和指导。

在学校里，校长是建立以校为本的教研制度的第一负责人，是以校为本的教研制度的身体力行者。

学校要及时、有针对性地组织学习和交流，对教学问题进行研讨。

校长应及时总结校本教学研究活动的情况，宣传、鼓励先进教师、先进教研组，推动校本教学研究的不断深化和发展。

十、校长在校本教研中的职责

作为校长，首先要做到两个明确：一是明确校长是校本教研的第一责任人，是学校校本教研的身体力行者；二是明确校长在校本教研中的工作职责。

（1）要确立科研兴校的办学理念，将主要精力用于教学研究和管理，并把教师参加教研与培训所需要的经费投入放到首要位置予以保证，为教科研工作创设良好的人文环境。

（2）要整合学校教导处和教研组、备课组的力量，建立直接服务于教师发展的、开放的学校教研网络，并明确各方面的责任，做到分工到人，责任明确。

（3）要建立校本教研的各种制度，构建校本教研考核激励机制，以保障和促进校本教研工作的顺利开展。

（4）校长要身体力行，与业务校长一道筹划教学研究，指导教导处及各教研组制订切实可行的校本教研计划（既要有学期安排，更要有长远规划），督促和评价学校教研工作，定期表彰、奖励教研成果。

（5）校长要以身作则，主持课题研究，积极参与相关教研活动的实施过程，深入课堂听课、评课，力求成为校本教研的专业引领者。

（6）校长要注意培养自己的专业意识，不断提高自己的专业水平，成为学校提高教育质量的专业带头人。

十一、校本教研需要规范

校本教研不是新事物，许多学校实际早已存在校本研究活动。集体备课、对教学问题的定期研讨等，均属于校本教研活动。但是，无论是规模还是力度，校本教研都有待深化。

（1）为校本教研提供组织制度的保证，使教研活动能够运转起来。

（2）探索科学的研究方法，使教研能够取得更好的效果。

（3）建立评价教研质量的方法，为教研活动的更新发展提供依据。

（4）为教师提供研究的时间、空间，使教师有深入思考的机会。

（5）为教师争取培训的机会，使新的教学理念、新的教学方法及时融入学校的教学中。

上述是深化校本教研的几个途径，深化的结果是，学校应能够在经验积累的基础上，总结出适合本校实际情况的常规做法，通过规范化的教研体制，有序有效地改善教学现状。

校本教研与教师专业化发展的关系是相辅相成、密不可分的，两者是在教师的教学实践中共同发展、共同提高的。一方面，校本教研促进了教师的专业化发展，提高了教师的专业水平和教育教学水平，教师在校本教研中不断成长，涌现出一大批专家型的教师；另一方面，教师的专业知识和教育理论素养得到提高，有利于教师在教学实践中发现具体问题，自觉进行教学反思；同时，使课程研发的能力得到提高，使教师无序的、散乱的教学经验上升到自觉的教育教学行为，为更好地实施校本教研打下坚实的基础。在新课程改革的大背景之下，要使教师的专业化得到可持续发展，就必须开展行之有效的校本教研活动，走"科研兴校，科研强师"之路，充分调动广大教师投身教育科研的积极性，努力营造浓厚的科研氛围，培养出一批批专家型的、研究型的教师，从而不断提高教学质量，使教学面貌有一个大的改观，以保证新课程改革的顺利进行。

（2016年9月26日，为汕尾市城区全区学校管理干部及骨干教师讲座材料）

参考文献

[1] 余文森.校本教研九大要点 [M].福建：福建教育出版社，2014.